느림씨 아줌마의 우리 동네 이야기

느림씨 아줌마의 우리동네 이야기

김진수 글·그림

샘터

| 차례 |

앞마당 이야기

함께 지은 우리 집 8
품어 주렴, 불쌍하잖니 17
나와 오리의 동상이몽 27
누렁지 35
우리 옆집 과부 아줌마 44
우리들만의 아지트 50
착한 여자, 철이 엄마 57
뻥튀기 아저씨 64
오죽하면 이름도 개두릅이랴! 71
내 필통 속 도토리나무 80
도시락 먹는 노인들 86
천국의 오디나무 93

뒷마당 이야기

너 때문에 되는 게 하나도 없어 102

들꽃이 예쁜 이유 110

흔들흔들, 서로 몸을 기댄 갈대 118

겨울 풍경 유감 126

병원 수난 133

엄마, 상담해 드릴까요? 146

엄마의 초상 159

글로벌 스탠다드라고요? 170

한 줌 재로 남은 남자 178

작가 후기 187

그날 집에 돌아온 나는 콧노래가 나올 만큼 기분이 가볍고 좋았다. 낯선 타인에게 자신의 잘난 것 없는 인생 이야기를 푼수처럼 솔직히 얘기해 준 아저씨가 고맙기도 했고 무엇보다 '나는 왜 이리도 변화하지 못하나?' 라는 질문을 스스로에게 하곤 했다는 뻥튀기 아저씨의 말씀이 깊은 여운을 남겼기 때문이었다. 나는 그날 하느님을 만난 것같이 기분이 마냥 좋았다.

앞마당 이야기

함께 지은 우리 집
품어 주렴, 불쌍하잖니
나와 오리의 동상이몽
누룽지
우리 옆집 과부 아줌마
우리들만의 아지트
착한 여자, 철이 엄마
뻥튀기 아저씨
오죽하면 이름도 개두릅이랴!
내 필통 속 도토리나무
도시락 먹는 노인들
천국의 오디나무

함께 지은 우리 집

둘째 아이가 태어났다. 시어머니, 남편과 나, 큰아이까지 모두 다섯 식구가 되었다. 방 두 칸의 13평 주공아파트. 시어머니가 방 하나를 쓰고 아이 둘과 우리 부부가 한방을 썼다. 큰아이도 아직 어린 탓에 떨어지려 하지 않았다. 그렇게 넷이서 한방에서 자다 보면 속옷을 널어놓은 건조대 밑으로 큰아이가 들어가 옷감에 파묻혀 낑낑거리기도 했다. 부엌도 턱없이 좁았다. 한쪽에 내 작업 책상이 있는 탓에 어머니와 함께 부엌일을 하다 보면 몸이 스치기도 여러 번이었다. 그런 어느 날, 느닷없이 남편이 시골로 이사 가자고 제안했다.

'그래 시골에 가면 돈 버느라 고생하지 않고 덜 쓰는 생활을 할 수 있을 거야. 도시는 소비하기에 딱 좋은 곳이지. 시골에는 산과 들이 아이들의 놀이터가 될 테고, 우린 좀 더 마음의 여유를 갖고 생활할 수 있을 거야.'

나는 선택의 여지가 없었다. 재산이라곤 전세금이 전부인 우리에게 도시에서 이보다 더 넓은 집은 꿈같은 일이었다. 그리하여 어린 딸의 손을 잡고 갓난 아들을 포대기에 업고 정든 사람들과 헤어져 낯선 시골살이를 시작했다.

시골에 마당 넓은 집을 빌려 산 지 3년 만이었다. 우린 전세금을 털어 집 지을 땅을 사고 집을 짓기 시작했다. 가난한 그림쟁이인 우리 부부에게 집 지을 돈은 없었다. 우린 그저 흰 도화지를 앞에 놓고 밑그림을 그리듯 '무모하게' 집 지을 구상을 했다. 나는 집이란 그저 생활만 할 수 있으면 된다고 생각했다. 폼 날 필요도 없고 집 짓느라 너무 많은 시간과 돈을 들이지 않기를 바랐다. 남편은 직접 지을 방법을 궁리했다. 집 지을 터의 흙을 그대로 쓰면 재료값을 절약할 수 있지 않겠느냐는 의견에 난 아주 쉽게 동의했다. 그래도 최소 비용은 필요한 터에, 마을의 터줏대감 격인 이웃 한 분이 선뜻 마이너스 통장의 보증을 서 주시는 것이었다. 텃세 세다는 섬마을 강화

에서 마을의 이웃들은 선뜻 우리를 품에 안아 주었다. 왠지 순풍에 돛 단 듯 출발이 좋았다.

트럭을 구해 필요한 자재를 직접 사들여 운송비를 절약하고, 어디 안 쓰는 물건이 있다고 하면 가서 실어 왔다. 문짝, 장롱, 가구, 난로 등 아파트에서 버리는 쓸 만한 물건들이었다. 새삼 사람들이 물건들을 너무 쉽게 버리고 자주 갈아 치운다는 것을 알았다. 마당 한쪽에 수북이 쌓인 재활용 물건들을 보고 어느 날 딸아이가 말했다.

"엄마, 우리 집 고물상 같아."

흙벽돌 기계를 빌려와 벽돌을 찍기 시작한 건 언 땅이 녹기 시작할 무렵이었다. 기계는 건넛마을 농부의 창고에서 20년 묵혀 있던 것을 빌려 온 것이었다. 낡은 기계도 그렇지만 얼추 계산해 보니 필요한 흙벽돌이 삼천 장은 있어야 했다. 눈앞이 깜깜했다. 겉보기에 팔자 좋은 '프리랜서'인 우리 부부는, 그해 봄 내내 자고 먹고 작업할 때 외엔 흙벽돌을 찍었다. 흙을 채에 받쳐 돌멩이와 거친 흙 알맹이를 골라내고 고운 흙에 모래와 회를 적당한 비율로 섞어 살짝 물을 뿌린 후에 기계에 넣고 압력을 가해 찍어 낸다. 힘이 많이 드는 일이었다.

'아, 어느 세월에 이걸 다 하나?'

마을 노인들도 그렇게 해서 언제 집을 짓겠냐고 혀를 끌끌 찼다.

낭만은 가고 고통만 남았다. 허나 이미 시작한 일. 막일을 할 땐 막걸리가 그만이었다. 두부 김치 안주로 막걸리 한 사발 먹고 나면 기운이 솟았다.

도시의 지인들이 끝없이 놀러 왔다. 그들은 어김없이 흙벽돌 한두 장씩이라도 찍어 주며 도왔다. (아니 강제 노역을 하고 갔는지도 모르겠다.) 그렇게 봄이 다할 때쯤 흙벽돌 삼천 장을 다 찍었지만 시간은 무시로 흘러 집 짓기로 한 기한이 이미 다 돼 가고 있었다.
 '계획대로라면 집이 다 됐어야 하는 때인데, 이제 시작이네······.'
 그래도 시작이 반이라지 않는가. 이제 흙벽만 차곡차곡 쌓아 올리다 보면 집이 지어지겠지. 그러던 차에 예전에 사회운동하며 이런저런 인연으로 만났던 후배 둘이 찾아왔다. 집 짓는단 소문을 듣고 도와주러 왔던 것이다. 목수일 한 지 꽤 돼서 이제 반목수가 다 됐다고 했다.
 평생 한 번 짓는 집 제대로 지어야 한다는 게 목수들의 충고였다. 그리고 나서 갑자기 집 짓는 방향이 바뀌었다. 계획에 없던 커다란 나무 기둥이 세워지고 대들보가 올라가고 서까래가 얹혀졌다.
 "아이들도 크면 방이 더 필요할 테고, 작업실도 있어야 하고······."

집 평수가 점점 커지기 시작했다. 집의 뼈대가 세워지는 걸 보며 내심 좋기도 하고 걱정스럽기도 했다. 집 짓는 내내 의견이 분분했다. 도대체 어떤 집이 지어질지 감을 잡을 수 없었다. 목수 후배들은 지붕이 올라갈 때까지 꼬박 두 달을 함께 먹고 자며 일했다. 도와주러 온 후배들이 고맙고 애쓰는 게 안쓰러워 매 끼니마다 진수성찬을 차렸다. 어머니는 내내 부엌에서 밥과 반찬을 해냈고 나는 이틀이 멀다 하고 한 아름씩 장을 봐 왔다. 지붕 작업엔 많은 이웃들이 함께 도왔다. 지붕이 가장 손이 많이 가고 중요하기 때문이었다. (서까래 위에 흙을 올리는 일은 직접 흙덩이를 만들어 올렸으니 지금 생각하면 참 '무식해서 용감했지' 싶다.) 그렇게 지붕 일은 장마 전에 끝이 났다. 장마가 끝난 여름부터 가을까지 흙벽을 올리고 내부공사와 미장, 도배까지 마치고 한 해가 끝나 가는 겨울 초입에 입주를 할 수 있었다. 세 달이면 족하려니 했던 집 짓기가 꼬박 일 년이나 걸린 것이다. 말도 많고 사연도 많고 빚도 더 늘었지만 마침내 우리 집이 생긴 것이었다. 아니 함께 힘을 모은 우리 모두의 집이었다. 집 짓는 모양새가 어설프고 미덥지 않아 염려했던 마을 노인들께서도 대견해했다. 집 짓느라 애쓰고 함께 한 이웃들과 밤늦도록 뒤풀이 자리를 열었다.

아리 아리랑 쓰리 쓰리랑 아라리가 났네

아리랑 어화 절씨구 아라리가 났네

먹세 먹세 나누어 먹세

대들보도 나누어 먹고 서까래도 나눠 먹세

밤은 깊어가고 여흥은 끝날 줄 몰랐다. 그리고 다음 날 첫눈이 내렸다.

날이 쌀쌀하거나 말거나 솜이불처럼 따뜻하게 지붕을 감싸는 하얀 눈을 보며 나는 문득 깨달았다. 우리 집을 지어준 건 사람들만이 아니구나! 봄, 여름, 가을, 겨울 내내 햇볕이 벽돌을 견고히 해주었고, 비가 내려 땅을 굳게 하였으며, 바람으로 땀을 식혀 주고 흙벽을 부채질하여 잘 말려 주었다. 이제 저 찬란한 흰 눈이 축복까지 해주지 않는가! 그래, 자기 몸을 기꺼이 내어 준 대지가 없었다면 애초에 흙과 나무로 집을 지을 수 없었을 것이다.

가진 게 많지 않다 보니 자연의 덕을 많이 입었다. 이웃의 도움을 받아 도무지 값을 매길 수 없는 '모두 함께 지은 집'이 되었다. 그것은 두고두고 살아가며 관계를 맺어 가는 끈이 될 것이다. 그 끈은 때로 함께 힘을 합할 줄다리기 끈 같은 밧줄이 되기도 하고 걸려 넘어질 올무가 되기도 했지만 미운 정 고운 정이 흙 반죽처럼 섞여 견고한 벽돌이 되었고 7년이 지난 지금까지 끊임없이 무엇이 되고 있다. 쓸데없이 튀지 않고 자연과 다소곳이 어울리는 모양과 색깔을 지닌 친환경 흙벽돌집이 되었다. 무엇보다 소중한 건, 시골에 와서도 여전히 '빨리'를 선호하던 내게 느리더라도 함께하는 삶의 미덕을 일깨워 주었다. 힘겨운 노동의 소중함도 함께.

"까불다 넘어진다. 천천히 또박또박 가렴."

품어 주렴, 불쌍하잖니

"엄마, 오늘 학교에서 선생님이 여러분은 왜 학교에 다니느냐고 물어보셨다."

"그래? 그래서 너희들은 뭐라고 대답했니?"

"어— 나는, 의무교육이니까요. 그랬다."

"그랬어?"

"의무교육이니까 그냥 가는 거야? 학교 재미없어?"

"아니, 재미있어. 친구들을 만날 수 있잖아. 그리고……, 공부도 꽤 재미있어."

누나가 다녔던 초등학교 학동인 둘째 아이와 나눈 말이다.

아이의 담임선생님이 스스로에게 던진 교육적 화두는 과연 무엇이었을까?

읍내에서 차로 20분 거리에 있는 우리 마을엔 문화시설이랄 만한 게 없다. 도서관이래 봐야 읍에 군도서관 한 곳뿐이고, 그마저도 어린이 열람실엔 책이 변변치 않았다. 목마른 사람이 직접 우물을 파

는 수밖에. 결국 엄마들이 직접 나서 그림책 읽는 모임이며 공동육아도 하게 되었다.

그 후 큰아이가 초등학교에 다닐 무렵이었다. 대학에서 교육학을 강의하는 한 선생님을 만나게 되었는데, 대안교육에 대한 남다른 뜻을 가진 분이었다. 선생님은 대안교육의 모델을 전통 교육인 '서당'에서 찾자는 이야기를 했다. 오랜 유학생활로 서구의 대안교육 이론과 정보에 정통한 선생님의 제안 치고는 뜻밖이었다. 선생님은 서당교육의 내용이 전인교육이었으니 구태여 외국의 이론으로 대안을 찾을 것이 아니라 전통 속에서 좋은 것을 취하자고 했다. 그것은 내게 매우 신선하고 설득력 있게 다가왔다. 하고자 한다면 훈장 선생님을 소개해 주고 교육 내용을 도와주겠다는 제안에 우린 그 즉시 도움을 요청했다.

이에 뜻 맞는 부모들이 모이기 시작했다. 마을 어르신들의 도움으로 비어 있던 노인 회관을 서당으로 쓸 수 있게 되었다. 아담하고 소박한 상수리나무 동산 속 작은 마을 학교, 서당 문 앞에 올망졸망 놓인 아이들의 신발과 낭랑하게 울리는 글 읽는 소리가 가히 한 폭의 그림이 됨직했다. 그렇게 훈장 선생님 한 분을 모시고 시작한 서당은 점차 부모들의 교육 품앗이로 풍성해져 갔다. 한문 고전을 배우고 붓글씨를 익히면 한문 서당, 나 같은 그림쟁이가 선생을 하면 그림 서당, 토박이 알뜰 살림꾼 엄마가 폐식용유로 비누를 만들어 보일 때면 살림 서당이 되는 것이었다. 한번은 짚으로 계란꾸러미를 만들기로 한 농부 아저씨가 아이들 앞에서 '선생님'인 것이 못내 쑥스러워 뺑소니친 적도 있었다. 당시엔 당황스러운 일이었지만 생각해 보면 웃음이 솔솔 나는 즐거운 추억이 되었다.

마을 서당에서 교육이란 각자가 가진 삶의 내용들을 풀어내 나누면 되는 것이었다. 봄에는 뒷산에 올라 진달래 꽃지짐을 부쳐 먹으며 화전놀이를 했고, 여름이면 계곡에서 물놀이를 하며 가재잡이를 했다. 추수가 끝난 늦가을이면 단풍을 만국기 삼은 동네 가을걷이 잔치를 함께 준비하며 신나게 놀았다. 아이들은 잔치 무대에서 그동안 서당에서 배웠던 소학이나 천자문을 낭송하기도 하고 연극도 했다. 유치원 꼬마부터 초등 상급반 아이까지 나이 터울에 상관없이 어우러져 노는 아이들 모습에 마을 어른들은 흐뭇해했다. 겨울이 깊어질 무렵엔 가까운 수로나 논에서 썰매를 지치며 놀았다. 벌판을 가로지르는 냇가에 어른들은 라면을 끓여 아이들의 추위를 달래주고 허기를 채워 주었다. (아, 겨울 들판에서 먹는 라면의 맛이란!)

하지만 한결같기만 할 것 같던 서당에도 서서히 그림자가 드리워졌다. 중학교 진학을 앞두고 아이들이 하나 둘 빠져나가기 시작한 것이다. 진학을 앞둔 부모들의 마음은 바빠졌다. 농사꾼 부모는 힘든 농사일을 대물림시키지 않기 위해, 도시에서 온 부모들은 더 나은 교육을 위해 이합집산했다. 어디 좋은 프로그램이 있다 하면 우르르 몰려가고 더러 자기 아이에게 필요한 사교육은 따로 챙기는 사람도 있었다. 마을이 곧 학교이고 마을 사람들의 삶과 일상이 교육 내용이 되는 서당교육은 초등학생에게나 걸맞은 한가로움이었던가?

　서당으로 맺어진 마을의 동무 관계는 학년별로 서열화되고 교육을 매개로 이어진 작은 공동체는 흐지부지 시들어 갔다. 그래 내 새끼가 제일이겠지. 난 자기 필요에 따라서만 움직이는 것 같은 누군가를 원망하기도 하고 부모들 마음이 한결같지 않음을 혼자 속으로 나무라기도 했다. 도시에서 온 새내기 부모들이 나름대로 새롭게 꾸려 갔지만 이전의 마을서당의 모습은 아니었다. 초기 서당의 모습에만 연연한 나 역시 점차 맥이 빠지고 의욕이 사그라졌다.

　그러다가 어느새 우리 아이도 역시 중학교에 입학하게 됐다. 면에 하나밖에 없고 한 학년에 학급이 하나뿐인 작은 학교가 있는데도, 마을 사람들은 아이들을 굳이 읍에 있는 학교로 보냈다. 공부 좀 하는 아이들이 하나 둘 빠져나가 경쟁력이 없고 오래된 사립으로 교사가 정체돼 있다는 것이었다. 그리고 무엇보다 지역의 사회 복지시설 아이들이 과반수를 차지한다는 것이 숨겨진 이유였다. 나 역시 고민

스러웠지만 공부는 어디 가나 제 하기 나름이고 제 마을에 있는 학교에 보내야 하지 않겠느냐는 생각으로 마음을 정한 것이었다.

중학교는 초등학교와는 사뭇 달랐다. 등굣길 교문 앞에선 내 또래들이 학교 다닐 때나 있었을 법한 선도부가 복장과 두발검사를 했다. 선생님과 학생들의 관계는 비교적 자상하고 친화력이 있는데 비해 선후배 풍토는 보살핌보다는 권위적이었다.

작은 사립학교가 갖는 장점을 활용하고 살리는 교육을 기대했지만 나는 곧 마음을 접었다. 학교가 작다고 획일적인 교육행정 시스템에서 자유로운 건 아니었기에. 이웃들과 함께 서당을 꾸릴 때만큼의 의욕 없이 나는 그냥저냥 별 탈 없이 다니면 되겠지 싶었다. 어쩐 일인지 아이는 갈수록 중학교 생활을 즐거워하지 않았다. 그나

마 어릴 적부터 단짝이던 친구마저 전학을 가버리자 짜증이 늘었다. 설상가상으로 어느 날 아이는 자신이 몇몇 아이들로부터 따돌림을 당한다는 고백을 했다.

"엄마, 나 친구가 없어!"

머릿속이 하얘졌다. (우리 아이가 왜?) 초등학교 땐 친구들과 언제나 잘 어울렸고 유순한 성격의 아이가 이 시골 아이들 속에서 '왕따' 를 당할 만한 이유가 뭔지 말할 수 없이 당혹스러웠다.

아이에게 혹시 내가 모르는 대인 관계의 문제가 있는 건 아닐까? 내가 우리 아이를 어떻게 키웠는데……. 내 아이 잘 키우려면 남의 아이도 잘 커야 한다는 원칙을 갖고 살았잖아. 적어도 이기적으로 내 아이만 잘되면 된다는 생각은 한 적이 없다고. 마을 서당은 어떻고, 한때 마을은 아이들과 얼마나 조화롭고 아름다웠던가? 그런데 이런 모든 노력이 무의미한 것이었단 말인가? 왜 우리 아이가 왕따를 당해야만 하지?

어처구니없고 억울한 마음조차 들었다. 마음속에 분이 일기도 했다. 아이는 어떤 억압이나 부당한 대우에 대차게 저항하기보다 기가 죽고 마는 천성이 여린 아이였다. 그래서 아이가 가여웠고 가슴이 먹먹했다. 마음속엔 하염없이 마른 댓잎을 흔드는 바람소리 같은 것이 끊이지 않았다. 한참을 그렇게 흔들리는 마음을 추스르고 아이에게 말했다.

"네가 중학교 3년 동안 너를 따돌리는 아이들을 친구로 만들 수 있다면 넌 무엇보다 값진 것을 배울 수 있을 거야. 난 널 믿어. 엄마가 도와줄게."

아이에게 이렇게 말만 멋있게 해도 되는 것일까? 말은 그리했지만 마음은 혼란스러웠다. 학교를 옮길까 여러 번 갈등도 했다. 사춘기를 맞이한 아이는 자신의 고치를 짜고는 그 속에 숨어 있고 싶어 했다. 아이가 힘들고 외로워하는 모습을 지켜보면서 나 역시 힘들고 외로웠다. 아이를 잘 알고 있다고, 교육에 대해 어느 정도 열린 안목이 있다고 자신했던 내 모습이 한없이 초라했다. 내게도 숙고의 시간이 필요했다.

그 시간의 흐름 속에서 난 타인의 욕망 속에 투영된 내 욕망을 보았다. 누군가 얌체 같아서가 아니라 나 역시 내 아이를 잘 키우고 싶은 욕망으로 가득 차 있었기에 다른 사람의 허물을 그냥 지나치지 못했던 거였다. 아이와 함께 한 인내의 시간들은, 남을 탓하기 전에 내 마음이 한결같지 않았음도 일깨워 주었다. 내가 좀 더 품이 넓지 않았음도 깨닫게 했다. 누군들 이 팍팍한 교육 풍토에서 좌충우돌하지 않는 부모가 어디 있으랴.

그런데 3학년이 된 어느 날, 아이는 내게 이렇게 말하는 것이었다.

"엄마, 난 우리 반 아이들이 너무 좋아요. 나를 괴롭혔던 아이들하고도 이젠 괜찮아요. 1학년 때는 서로를 이해하지 못했던 것 같아요."

난 아이의 마음 상처가 회복된 것이 너무나 고맙고 이만큼 커버린 아이가 대견하여 품에 안아 주며 말했다.

"그래 이겨 낼 줄 알았어."

집 앞, 나뭇가지에 까치가 오르락내리락하며 나무 주위를 맴도는 것을 보며 문득 한 선생님의 말씀이 떠올랐다.

"품어 주렴, 불쌍하잖니."

자꾸만 눈물이 났다.

나와 오리의 동상이몽

나의 이야기

우리 가족은 집 앞 작은 논에 한 해 먹을 만큼의 벼농사를 짓는다. 비료 대신 오리 배설물을 거름 삼고 농약을 치지 않는 친환경 벼농사다. 오리를 논에 풀어놓으면 모포기 사이로 오리들이 오가며 잡초를 밟아 주고 벌레도 잡아먹는다. 일반 벼농사와는 달리 오리농법은 논두렁 주위를 둘러가며 망을 쳐야 한다. 혹시나 있을 족제비나 개의 침입으로부터 보호하고 오리가 논 밖으로 나가는 것을 막기 위함이다.

물 댄 논에 모가 뿌리를 내릴 무렵 나는 동네 아이들을 불러 모아 오리를 논에 집어넣는 '오리 입식'을 했다. 아이들은 노란 깃털이 보송보송한 어린 오리만큼이나 보드랍고 조그만 손에 제각기 오리 한 마리씩을 안고서 논 안에 놓아주며 속삭인다.

"오리야, 잘 먹고 농사 잘 지어. 건강하게 자라야 해!"

어린 오리들은 가르쳐주지 않아도 물살을 가르며 헤엄을 친다. 두 발을 하늘 향해 바동거리며 자맥질하는 놈, 종종거리며 수영을 즐기는 놈, 부리를 깃털에 묻고 기름을 바르는 놈. 그러다 먹이 먹을 때가 되어 아이들과 함께 손뼉을 치니 동그란 머리를 쫑긋 세우고는 앞 다투어 달려온다. 뒤뚱거리며 달려오는 모습이라니, 귀엽기도 하고 우스꽝스럽기도 하다. 아이들은 손뼉 치는 소리를 듣고 허겁지겁 달려오는 오리들을 보며 재미있어라 한다. (음, 제법 목가적인 풍경이지 않는가!)

모든 집짐승들이 그러하듯 오리 역시 아주 빨리 성장해 나갔다. 여린 연둣빛이었던 모가 단단히 뿌리를 내리고 벼 포기가 푸릇푸릇 이삭이 팰 무렵이면 오리를 논에서 빼내야 한다. 오리들이 벼 이삭마저 먹어 치우면 안 되기 때문이다. 먹이를 줄 때마다 손뼉을 쳐서 먹이 장으로 불러 모았던 것은 바로 이때를 위한 훈련이었다. 논에서 빼낸 오리는 따로 망을 치고 키운다. 농약 안 친 논에서 사료 외

에도 온갖 벌레와 풀을 먹고 자란 오리는 맛도 좋고 팔자면 값도 꽤 나간다. 환경도 살리고 오리고기도 먹을 수 있으니 그야말로 꿩 먹고 알 먹는 농사법이 아닌가!

 그렇게 흡족해하며 오리 장을 둘러보던 어느 날이었다. 오리가 처참하게 죽어 있었다. 그물망에 오리의 몸통이 끼어 있었는데 아예 머리와 몸통이 떨어진 채로 죽임을 당한 것이었다. 오리 장 주위를 서성거리며 기회만 엿보던 족제비에게 당한 게 분명했다. 오리들은 그 후에도 몇 마리 더 죽어 나갔다. 서로 먹이다툼을 하다 힘 센 놈에게 밟힌 약골 오리가 비실거리다 끝내 물 위에 둥둥 떠 있기도 했고, 옆 집 개가 한꺼번에 여러 마리를 작살낸 적도 있었다. 죽은 오리들이 불쌍하고 주검을 거두는 일이 찝찝하긴 했지만 그래도 친환경 농사라는 것으로 위안을 삼았다. 나는 오리 장에 빈틈이 없나 살피고 더욱 안전하게 보호하기 위해 오리 망을 꼼꼼히 수리하였다.

오리 이야기

나는 부화장에서 태어난 청둥오리다. 내가 태어났을 때 나를 반긴 건, 따뜻한 엄마 품이 아니라 차갑고 눈부신 조명등 불빛이었다. 나는 이곳 농가로 팔려 왔다. 사람들은 나를 이용해 농약 없이 농사를 짓는다. 주인은 아침, 저녁 하루에 딱 두 번 먹이를 주는데 희한하게도 손뼉을 치거나 호루라기를 분다. 먹이는 늘 부족했다. 나는 언젠가 이 논 주인 내외가 하는 얘기를 들었다.

"오리들은 굶지 않을 만큼만 먹이를 줘야 해. 그래야 부지런히 움직이며 농사를 짓지."

나와 내 동료들은 박수 소리가 나면 앞 다투어 달려가는 것에 곧 익숙해졌다. 사람들은 생명과 환경을 살리는 농사를 짓는다며 흡족해했다.

'그럼 대체 우리 오리들의 생명은 뭐란 말인가?'

하지만 주인이 주는 먹이를 먹고살아야 하는 우리는 하루하루 굶지 않고 사는 게 최선이었다. 나와 내 동료들은 먹이를 좀 더 많이 차지하기 위해 경쟁을 하였고 그것이 우리가 사는 최고의 덕목처럼 여기게 되었다. 우리는 앞 다투어 달려갔으며 먹이를 남보다 더 빨리 남보다 더 많이 먹기 위해서라면 나로 인해 혹여 누군가 짓밟힌다 해도 개의치 않았다. 오리 장의 생활은 늘 그렇게 반복되었다.

그러던 어느 날, 하늘을 뒤덮을 듯이 날아가는 청둥오리 떼를 보았다. 그들은 오리 장 안의 나와 내 동료들과 외양은 닮았지만 뭔가 확실히 달라 보였다. 공기의 흐름을 타고 서서히 착륙하는 모습, 눈부시도록 아름답게 펼쳐지는 날갯짓, 고고하고 우아함이 넘치는 비상. 현기증이 날 정도로 멋진 모습이었다. 먼 길을 여행한 듯한 그들은 남루해 보이긴 했지만 형형한 눈빛과 높은 이상을 지닌 자만이 풍기는 품위를 지니고 있었다. 동료와 경쟁하기보단 서로가 서로를 보살피고 돕는 기풍을 갖고 있었다.

'나와 똑같이 생긴 저들은 도대체 어디에서 왔을까? 나는 도대체 누구인가? 나는 어떤 꿈을 지니고 살아야 하는 것인가?'

그날 이후, 내 가슴속은 온통 푸른 허공을 힘차게 가르던 청둥오리의 모습만이 꽉 차게 되었다. 모두들 잠든 밤, 나는 날갯짓을 해 보았다. 땅으로 곤두박질치기를 수십 번, 나는 너무 둔했고 내 몸은 날렵한 근육질 몸매인 그들에 비해 너무 무거웠다.

'아, 날고 싶어. 날아가고 싶어……. 나도 날고 싶다.'

나는 오리 망 밖을 향해 날아 보았다. 한 번, 두 번, 세 번. 그러나 내 몸은 오리 장을 넘지 못하고 그만 그물망에 걸려 버렸다. 온 힘을 다해 몸부림쳐 보았지만 망에 걸린 내 날개는 더 엉켜들 뿐이었다.

그날따라 유난히 둥근달이 나를 무심히 내려다보았다. 어둠 속 저편에서 시퍼런 빛을 발하는 눈동자가 서서히 나를 향해 다가왔다. 순간 엄청난 통증이 느껴졌다. 그뿐이었다. 잠시 후, 그 굶주린 눈동자는 나를 게걸스럽게 먹기 시작했다.

'내 몸이 이렇게 가볍다니!'

나는 하늘을 향해 날갯짓을 해보았다. 그때였다. 몸이 허공으로 붕 떠올랐다.

'아, 나도 이제 날 수 있게 되었구나!'

저 아래 내려다보이는 논으로 내 옛 동료들이 손뼉 치는 소리를 따라 몰려가는 모습이 보였다. 아, 불쌍한 나의 친구들. 오늘 하루 남보다 빨리 달린들 무슨 소용이란 말인가?

누렁지

학교 간 아이가 되돌아왔다. 벌써 학교에 도착하고도 남을 시간이었다. 아이는 발갛게 상기된 얼굴로 숨을 몰아쉬며 말했다.

"누렁지가 자꾸만 쫓아오잖아!"

"그냥 가지 그랬어? 지각하잖니?"

"그러다 학교까지 쫓아오면 어떡해?"

아이의 눈이 젖어 있다. 누렁지는 우리 집 강아지 이름이다. 아이는 누렁지가 학교 앞까지 따라올까 걱정스러웠던 것이다. 지각할까 조바심치는 아이를 차로 데려다 주며 나는 속도를 냈다. 차 유리 너

머로 놀란 개구리가 팔짝팔짝 뛰어가는 모습이 보였다.

"엄마, 천천히 가. 개구리 밟혀 죽겠다."

"걱정 마. 엄마는 개구리가 있으면 멈췄다 가잖아."

아이를 학교에 데려다 주고 오는 길에 개구리가 납작하게 깔려 죽어 있었다. (누가 깔아 버린 거지?)

누렁지는 그 후로도 어김없이 아이들의 등굣길을 따라나섰다. 어린 주인이 조바심을 내건 말건 내 알 바 아니라는 듯이. 시골 찻길엔 동물이 차에 치여 죽기가 다반사였다. 밤길 차도를 건너다 죽은 고양이, 개, 뱀, 개구리, 가끔은 허기진 고라니가 먹을 것을 찾아 마을까지 내려왔다가 변을 당하는 일도 있었다. 아이는 누렁지를 잃게 될까봐 두려웠던 것이다. 아이는 누렁지를 달래고, 어르고, 윽박지르기도 했지만 누렁지는 내가 좋으면 그만이라는 듯이 여전히 쫓아갔다. 하기야 지각해서 혼나는 일이 없다면 아이는 누렁지와 함께하는 등굣길이 마냥 즐거울 것이었다. 누가 누가 빠르나 달리기도 하다가, 어디 어디 숨었나 숨바꼭질도 하고, 무궁화 꽃이 피었습니다도 하고 싶었을 것이다. 아침마다 누렁지와 실갱이를 벌이더니 아이는 노래까지 만들었다.

누렁지 누렁지~ 너 지금 뭐하니~

할아버지한테 혼나는 중이다~
왜 혼나니? 너 따라가려다~
왜 혼나니? 철준이 따라가려다~
어헝! 그래? 얼른 집에 돌아가거라~
싫다 싫어 너 따라갈 거다 철준이 따라갈 거다~
안 돼~ 안 돼~ 얼른 썩 꺼져 버려라~

동네 할아버지의 힘을 빌려 혼내서라도 강아지를 돌려보내려는 아이의 염려하는 마음이 드러나 있지만, 그보다도 누렁지와 함께 노는 아이의 즐거움을 잘 보여 주는 노래였다. 경쾌한 리듬의 노래는 참 이상하게도 한 번 듣고도 쏘옥 외어져 단번에 따라할 수 있는 것이었다.

그런데 어느 날이었다. 정말 누렁지가 '썩 꺼져버린 일'이 생겼다. 해가 지도록 누렁지가 보이지 않는 것이었다.
"아침에 하도 따라오기에 돌멩이를 던져 쫓아 버리고 안심했는데……."
아이가 울먹였다. 더군다나 얼마 전에 하굣길에 사고를 당한 이웃 마을 여학생의 죽음은 누렁지에 대한 불길한 상상을 더욱 부채질했다. 여학생은 학교에서 집으로 찻길을 따라 걷다가 사고를 당한 것이었다. 시골 찻길엔 대부분 인도가 없다. 사람이 필요해서 만든 찻길인데 사람은 무시하고 속도와 효율성만을 생각했기 때문이다. 마을 주민들은 사람은 안중에도 없는 도로개발정책에 분노했다. 차가운 아스팔트 위에서 소녀가 느꼈을 외로움과 공포, 가물거리는 의식 속에서 사무치게 그리웠을 가족과 친구의 얼굴. 여학생과 누렁지의 모습이 오버랩 되어 망연한 눈길로 죽어 가는 누렁지의 모습이 환영처럼 떠올랐다.

다음 날도 누렁지는 보이지 않았다. 아이는 제 탓인 양 자책했다. 아무리 쫓아와도 말리지 말 것을……. 그때였다. 거짓말처럼 누렁지가 달려오고 있었다. 녀석은 꼬리를 흔들다 못해 빙글빙글 돌리며 반가워했다.

"어디 갔다 이제 왔어?"

아이와 누렁지는 서로 껴안고 쓰다듬고 핥고 어루만졌다. 새삼 아이가 안기에 버거울 만큼 누렁지가 훌쩍 커버린 것을 알았다. 작년 늦가을에 심어 파릇파릇 올라오는 마늘밭을 망칠까 염려했던 옆집 과부 아줌마의 심정을 그제야 헤아릴 것도 같았다.

"이제 누렁지를 묶어 키워야겠다!"

나는 누렁지의 안전을 위한다는, 또 마을 사람들에게 피해를 끼치지 않는다는 명분으로 누렁지를 묶어 버렸다. 난생 처음 당하는 속박에 몸부림치며 낑낑대던 누렁지는 며칠이 지나자 체념한 듯 잠잠해졌다. 여학생을 죽음으로 몰았던 인도 없는 찻길에 대한 탄식의 목소리들도 잦아들었다.

 그러던 어느 날 밤, 자려고 불을 끄고 누운 참이었다. 웬 웅웅거리는 울음소리가 들려 마당을 내다보니 누렁지가 허리를 꼿꼿이 편 자세로 달을 향해 앉아 있는 것이었다. 왜 그리 요상하고 음산한 소리로 야심한 밤의 고요를 깨뜨리는 거야? 나는 누렁지를 지그시 쏘아보고 돌아선 참이었다. 날 선 누렁지의 시선이 내 뒤통수에 꽂혔다.
 "나를 꼭 이렇게 족쇄를 채우고 사슬로 구속해야겠니?"
 "네가 좀 설치긴 했잖아. 옆집 아줌마 마늘밭에도 들어가고."
 "난 단지 마늘밭을 지나쳤을 뿐 해를 끼치진 않았어. 오히려 당신을 비롯한 사람들이 타고 다니는 자동차 매연이 더 해가 되면

됐지."

"난 동물이나 생명 가진 것들을 함부로 대하지 않아."

"당신은 자기 눈에 보이는 것에 대해서만 알고 느끼지. 바쁘다 싶으면 개구리고 뭐고 생각할 겨를 없이 속도를 내서 운전하는 당신이나, 인도 없는 차도를 만든 사람들의 생각이나 내가 보기엔 별반 달라 보이지 않는데? 당신이 몰고 다니는 차바퀴에 깔려 죽은 숱한 벌레와 개구리들이 얼마나 많은데!"

"난 네가 차에 치일까 봐, 또 마을 사람에게 피해를 줄까 봐 안전을 위해 묶은 거라고. 이 멍청이!"

"당신이 뭔데 내 자유를 구속하느냔 말이야. 내 안전과 타인을 위해서라고? 그대에게 돌아올 마을 사람들의 원망을 지레 염려한 게 아니고?"

"……"

"당신은 생명을 함부로 대하지 않을지는 모르지만 진정으로 사랑하진 않아."

"……"

하긴, 내가 개구리 앞에서 차를 멈춘 것은 개구리 생명을 귀하게 여기는 마음보다 차바퀴에 깔려 내장이 튀어나온 채 끔찍한 꼴로 죽는 것을 외면하고 싶은 마음이 더 앞섰는지도 모른다.

"당신은 늘 자기 자신 위주로 생각하잖아. 아이들에게 배우길 바래. 그 아이들의 사랑법과 자유로움을."

"……!"

"제 자신도 사랑하지 못하면서, 제가 가진 자유도 누리지 못하면서…… 컹컹컹."

그 독야청청 야심한 밤에, 누렁지는 세상 사람 다 들으란 듯이 왈왈거렸다.

그 후 두 달이 지난 어느 날, 누렁지는 자신을 꼭 닮은 새끼 강아지를 다섯 마리나 낳았다.

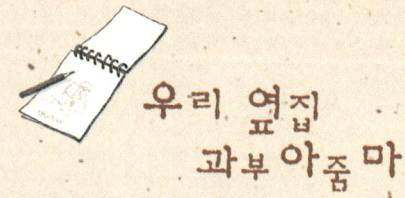

우리 옆집 과부 아줌마

　　내가 지붕을 한달음에 내려가 과부 아줌마에게 달려든 것은 우리 집 짓기가 한창일 때였다. 우리 마당에 농약을 뿌려 대고 있는 아줌마에게 다짜고짜 대들었던 것이다. 그 일은 함께 지붕 잇는 일을 거들던 지인들에게도 해프닝이었다. 평소 느려 터진 아줌마가 웬 일이야? 난데없는 구경거리였다.

　　과부 아줌마는 우리 바로 옆집에 사는 논 주인이다. 아줌마에게 '잡초' 라는 것은 제초제로 초전박살 내야 하는 것인지라 논에 뿌리고 남은 농약을 딴에는 인심 쓴다고 풀이 무성한 우리 마당에 뿌린 것이었다. 하지만 나는 방방 뛰며 항의했다.

"우리 아이가 어리고 분별없어 맨발로도 다니고 길바닥에 떨어진 것을 주워 먹을 수도 있는데 여기다 제초제를 뿌리면 어떡해요?"

 내가 과부 아줌마에게 이유 없이 심사가 꼬인 것은 아니었다. 집 짓자면 진입로를 아줌마네 논 옆으로 내야 했다. 우리 땅에 우리가 길을 내는 것이건만, 아줌마는 은근슬쩍 자기네 논을 트랙터로 야금야금 늘려 가며 우리 집터를 깎아 먹고는 까닭 없이 텃세를 부리는 것이었다. 작달막한 키에 다부진 몸놀림으로 목소리도 까랑까랑한 아줌마랑 이웃 간에 티격태격하기 싫어 그냥저냥 모른 채 묻어 두고 있었다.

 그런 어느 날 까닭 없이 집 주변 밭에 질척하게 물이 고였다. 알고 보니 과부 아줌마가 우리 모르게 논길 수로를 우리 집터 쪽으로 낸 거였다. 이웃 한번 고약하게 만났다 싶었지만 이번에도 직접 부딪히는 일은 피했다. 그래도 마을 어른이고 우리가 이사 온 사람이니 미워도 다시 한 번 예의는 갖춰야지 싶었다. 그렇게 꼬인 심사를 억누르며 지내던 어느 날, 우리 집 오디나무 탓에 논에 그늘이 진다며 베어 버리라는 말에 나는 그만 발끈하고 말았다. 오디나무는 이제 겨우 나무 꼴을 갖춘 얇은 가지에 불과했다.

 '나무 그늘에 벼이삭이 가려 봤자 얼마나 가린다고……. 참말로 각박한 양반이네.'

그날 이후 나는 아줌마를 향해 그나마 열어 두었던 마음에 빗장을 질러 단단히 닫았다.

그러고 어느 해 무덥던 여름날이었다. 그날이 없었다면 나는 과부 아줌마에 대한 마음의 문을 열지 못했을 것이다. 작업실 창밖으로 과부 아줌마가 농약을 치는 모습이 눈에 들어왔다. 좁은 어깨에 둘러멘 농약 통이 유난히 무거워 보였다. 마침 더위에 지친 속을 식히려던 나는 아줌마의 일이 다 끝나기를 기다려 냉커피를 양손에 들고 마당을 가로질러 논으로 갔다.

"아이유, 웬 거예요? 뭐 이런 걸."

농약 묻은 손을 바지에 쓱쓱 문지르며 냉커피를 받아 든 까맣게 그을린 손마디에 굳은살이 투박했다. 고된 삶이 손가락 마디마디에 다 묻어 있는 듯했다.

"우리 집 양반 일찍 돌아가고 나 혼자 농사져서 아들 셋 다 대학 가르쳤시다."

이렇게 더운 날 뭐 그리 힘들게 일 하시냐는 내 인사치레 말에 아줌마는 자기가 살아온 이야기를 스르르 풀어놓으셨다.

"혼자서 애들 키우고 사시느라 힘 드셨겠어요."

"아이그, 말로 다 못해요" 하며 손을 내저으신다.

"새벽에 일어나 하늘이 희끄무레할 때 밭 매고 부리나케 들어와 애덜 밥 먹여 학교 보내고 설거지에 집안일 다 해놓고 논일하러 갔지. 온종일 들에서 일하다 저녁 먹고 나면 좋아하는 연속극도 다 못 보고 끄덕끄덕 졸아. 누가 업어 가도 몰라요. 마냥 그렇게 살았시다."

마음속 빗장이 스르르 열렸다. 시골살이 10년에 나도 이제 좀 안다. 농촌 살림이라는 것이 혼자서 하기 얼마나 힘든지를. 둘이 하면 힘이 배가 되지만 혼자 하면 몇 배로 힘든 게 농사일이요, 몸으로 하는 노동일인 것을. 홀몸으로 자식 키우고 농사지어 벌어먹자니 아줌마는 자신도 모르는 새 그악스러워졌을 터였다. 아니 어쩜 험난한 생활을 꾸려 가기 위해 아줌마가 택한 삶의 방식이었는지도 모른다. 자고 나면 불쑥불쑥 돋는 풀을 감당하기 어려워 제초제에 의존했을 터이고 수확량 올리려면 화학비료를 쓸 수밖에 없었을 것이다. 어디 과부 아줌마뿐이랴. 농약과 화학비료에만 의존해 왔던 이 땅의 농업이 어디 가난한 농민들 탓이라고만 할 수 있겠는가? 과부 아줌마의 그 깐깐한 성격에 아비 없이 자란 자식이란 소리 안 듣게 하려고 아이들 교육은 또 얼마나 했겠나 싶었다.

"아드님들이 다 착하네요. 때 되면 농사일 거들러 오니 말이에요."

"지들이 아쉽지 뭐. 내 공짜로 일 시키나? 다 지들에게 돌아가는 게 있으니 그렇지 뭐. 난 자식들에게 아쉬운 소리 안 하고 살아요."

그러면서 은근히 자식 자랑이다.

"환갑 때, 아이들이 돈 모아서 나 해외여행 시켜줬시다. 이래 봬도 비행기 두 번이나 타 봤시오. 애들이 착해서 다 지들이 알아서 공부 잘했지."

자식 이야기하는 아줌마 얼굴이 천진난만했다.

"아주 잘 먹었시다."

남은 얼음까지 오도독 소리 나게 씹으며 잔을 건네주신다. 참 진실 돼 보이는 손이다. 늘 바지런히 일하고 지나치다 싶게 논에 약주고 비료 주던 과부 아줌마가 다리뼈를 접질린 바람에 지난 해 여름 내내 논 관리를 못 하였다. 근데 낱알도 튼실하고 뒤늦게 내린 폭우에 쓰러진 벼도 없었다.

"아줌마, 게을리 농사하니 오히려 잘 됐네요. 이젠 좀 쉬엄쉬엄 하세요."

과부 아줌마는 웃으셨다. 내 마음속 빗장이 흔적도 없이 사라지고 따뜻한 강물이 흘렀다. 몇 년 새 오디나무가 훌쩍 자라, 논에 커다란 그늘을 드리웠는데도 이상하게도 과부 아줌마가 아무 말씀 안 하신다.

우리들만의 아지트

아이가 늦도록 돌아오지 않았다. 값비싼 레고를 사 달라고 조르는 아이의 말을 무시한 어제 저녁 이후 아침이 되도록 입이 오리 주둥이만큼 튀어나온 채 학교를 보낸 날이었다.

"우주여행인가 뭔가 하는 레고를 산 지 얼마 안 되잖아?"

"그러니까 필요해. 드래곤 레고를 같이 섞어서 놀면 훨씬 더 재밌고 여러 가지를 만들 수 있는 걸. 친구들하고 약속했는데……."

"왜 네가 사야 하는데? 네가 우주여행 레고 샀으니까 다른 친구가 산 거랑 같이 섞어서 놀면 되잖아?"

"내가 사고 싶단 말이야. 모자라는 돈은 나중에 더 저축해서 갚을

게요. 응~."

생후 반년이 채 되기 전에 시골로 이사 온 둘째 아이는 이곳 강화가 고향이나 다름없었다. 아이는 자연을 동무 삼아 자라 왔다. 볕 좋은 봄날엔 온종일 마당에 주저앉아 흙 놀이를 하다 자전거를 타다 강아지랑 놀고, 해 지고 저녁 먹은 후엔 내 무릎에 앉아 그림책 이야기를 몇 번이고 반복해 듣다가 잠들곤 했다. 봄엔 이제 막 녹기 시작한 땅을 뚫고 돋아나는 새싹을 발견할 줄 알고 여름날 뜨거운 햇살을 온몸으로 받아 내는 아이. 가을의 풀벌레 소리를 구분하여 듣고 볏짚 싸인 겨울 논바닥을 나뒹굴며 맵싸한 겨울 찬바람도 즐길 줄 아는 아이. 시골은 아이가 실컷 놀며 자라기에 좋았고 나는 풀어놓은 망아지처럼 자라났으면 했다. 한글을 미리 깨우치지 않고 초등학교에 입학한 몇 안 되는 '지진아' 멤버 중 하나였지만, 아이는 빠른 속도로 글을 깨우쳤고 이해력이 뛰어나 말과 글쓰기엔 수채화처럼 촉촉한 감성이 그득했다. 가히 '내 정원 안의 아이'였다.

그러나 학년이 올라가면서 아이는 더 이상 '나의 정원'에만 있으려 하지 않았다. 당연한 일이라 반가우면서 한편으로 섭섭했다. 동네 친구들과 이 집 저 집 머물며 놀았고 가끔 한집에서 모여 잠자는 날도 있었다. 그런 날이면 아이들은 자는 시간도 아까워 늘 밤새워

놀기가 일쑤였다. 아이들이 놀다 간 집엔 영락없이 누군가의 양말이나 장갑, 옷가지들이 남겨지곤 했다. '자연의 아이'는 점차 레고나 게임을 더 즐기기 시작했으며, 아이들의 세계엔 내가 알지 못하는 그들만의 언어와 소통수단이 생기기 시작했다. 아이는 한동안 레고놀이를 무척 좋아해서 내가 사주거나 아는 형에게 물려받은 것으로는 부족했는지 군것질 한번 안 하고 용돈을 모아 레고를 장만했었다. 어느 날 아이가 산 레고는 어디론가 운반이 되었고 얼마 지나지 않아 아이는 또 다른 레고를 사겠다고 한 것이었다. (내 참, 저축해서 갚겠다고? 내가 무슨 빚쟁이야?) 그래도 속마음으로는 돈 좀 보태서 사줘야지 하고 마음먹은 참이었다.

'녀석 아무리 삐져도 그렇지, 레고 때문에 엄마를 걱정하게 만드는 거야?'

평소 친한 친구들 집 이곳저곳에 전화를 돌려보았지만 아이는 없었다. 아무리 신나게 놀다가도 제 시간이면 늘 집에 돌아왔는데……. 내 아이는 도대체 어디에 있단 말인가?

자고 일어난 아침까지도 풀리지 않은 섭섭한 마음을 학교 갈 때까지도 엄마에게 한껏 내색했다. 내가 뭐 억지로 사 달랬나? 전에도 내가 저축해서 샀잖아. 용돈 당겨서 미리 돈 좀 보태 달라는 건데.

에이 엄마는 너무해. 사실, 엄마가 이해는 돼. 레고 산 지 얼마 되지 않는 건 사실이잖아. 내가 왜 엄마한테 화냈을까? 집에 돌아가면 사과해야지. 하지만 아지트 회원들하고 더 재미있게 놀기엔 지금 레고만으론 부족해. 더군다나 회원이 한 명 더 늘었는데. 아, 아지트. 생각만 해도 너무 뿌듯하고 행복해. 어떻게 만든 아지트인가! 범뉴네 집 옆 마당 공터에 지은 우리들만의 아지트. 마당에 굴러다니는 소파를 기둥으로 삼고 못 쓰는 판자를 지붕 삼아 올린 다음 바람에 날아가지 않게 돌을 얹어 놓았어. 옆 벽은 판자로 얼기설기 엮어 못을 치고 모기장으로 창문도 만들었지. 그래도 우리들에겐 용궁보다 더 근사한 걸. 우리는 규칙도 정했지. 아지트에선 형, 동생이 따로 없어. 모두 친구야. 이름 대신 우리들만의 연대감을 느낄 수 있는 별명을 부르지. 달뉴, 돈뉴, 범뉴, 민뉴, 도도. 내 이름도 철준이가 아니고 준뉴야. 우리는 뭐든지 함께 나누고 공유해. 먹이 창고도 있어. 그냥 종이 상자지만 말이야. 그곳엔 각자 집에서 집어 온 식빵이나 간식들이 있어. 나무를 깎아 만든 목검도 있지. 전쟁놀이할 때 쓰기도 하지만 비상사태의 경우 우리 아지트를 지킬 무기이기도 해. 그렇다고 우리가 폭력을 쓴다던가 어쩌자는 건 아니야. 호신용 무기일 뿐이지. 혹시 알아? 외계인의 침입을 받을 수도 있잖아. 그래서 우린 남들 몰래 몬스터도 키우고 있지. 쉿, 이건 비밀이야. 외케인은 우리보다 치밀하고 정보력이 높은 녀석들이라서 경계를 늦추면 안 되거든. 아지트엔 각자가 가져온 레고가 있고 동물 인형도 있어. 이불까지 있다구. 피곤할 땐 좀 쉬어야 하거든. 우리가 놀던 자리는 우리가 치워. 남에게 폐를 끼치는 일 따위는 우리가 원하는 게 아니거든. 난 늘 아지트에 가고 싶어. 그래서 난 집에서 좀 일찍

출발해서 학교 가는 길에 늘 이곳을 들렀다 가. 다른 친구들도 나랑 마음이 같은가 봐. 영락없이 그곳엔 달뉴와 범뉴가 기다리고 있거든. 우린 바쁜 아침 등교시간이지만 잠깐이라도 아지트에 머물다 함께 학교에 가. 아지트에 들르면 하루가 즐거워지거든. 그런데, 좀 졸리다. 집에 가야하는데. 엄마가 기다릴 텐데. 조금만 누웠다 갈까? 그래, 레고는 나중에 사지 뭐. 그것 없이도 아지트엔 놀 것이 엄청 많은 걸.

"아이쿠, 녀석 여기서 잠들어 버렸구나. 철준아, 엄마야. 일어나 집에 가자."

아이는 얼기설기 엮은 좁디좁은 창고 구석에 쭈그리고 누워 자고 있었다. 아이는 부스스 눈을 뜬다.

"자, 엄마 등에 업혀."

"아, 괜찮아. 다 큰 사람도 업힐 때가 있는 거야."

쑥스러워하는 아이를 업고 책가방을 앞가슴에 둘러메었다.

"엄마가 얼마나 걱정했는지 알아? 이 녀석."

엉덩이를 한 대 살짝 때려 주었다. 쑥스러워 하던 녀석은 등에 찰싹 안겨 달라붙는다.

"엄마, 우리 아지트 좋지?"

"그렇게 좋아?"

"응. 근데, 나 배고파."

엄마 등은 참 따뜻하다. 역시 엄마는 세상에서 제일 좋다. 엄마한테만 살짝 아지트 비밀 주문을 알려 줄까? 아니야. 그래도 우리들만의 아지트인걸.

착한 여자, 철이 엄마

착한 여자. 그렇다. 그는 착한 여자다. 시골로 이사 와 제일 먼저 친해진 토박이 이웃이자 벗인 철이 엄마를 처음 만난 건 마을 친목회 모임에서였다.

얼굴도 몸매도 퉁퉁한 '아줌마'인 그는, 크고 서글서글한 눈매에 선이 굵은 입술이 과묵한 인상을 주었다. 철이 엄마는 시부모님을 모시고 남편과 아이들 뒷바라지며 집안일을 잘하는 전형적인 농사꾼 아낙이다. 남편의 빈번한 손님 접대에도 늘 한결같았고 시부모 모시는 탓에 온갖 집안 대소사를 다 치러야 하는데도 불평이 없었다. 김장철이면 시동생, 시누이들 김장거리까지 꼬박 챙기는 시어머니를 도와 군말 없이 형제간에 의리를 나누었고 동네 경조사에도 자신이 할 몫을 찾아 빼지 않고 일하였다. 나처럼 이사 온 외지인들도 텃세 없이 넉넉히 품에 안아 주었고 남 없는 데서 수다스럽게 뒷담화를 늘어놓지 않았다. 정이 많아 남의 불행을 자신의 아픔으로 여겨 눈물이 많은 그에게서 나는 너그러운 사람에게서 배어나는 품위를 느꼈다. 나이로 치자면 나보다 서너 살 아래지만 마음 씀씀이로 보나 일매로 보나 품 넓고 의젓한 언니 같았다.

그런 어느 날이었다. 피차 이젠 속내 이야기를 털어놓는 사이로 가까워질 무렵, 막걸리 잔을 주거니 받거니 하다 철이 엄마가 불쑥 내뱉은 말이었다.

"난 착하다는 말이 제일 듣기 싫어요."

막걸리 서너 사발에 알딸딸해지며 갈지자로 가려던 의식이 깜짝 놀라 돌아왔다. 나는 잠시 할 말을 잃었다. 철이 엄마의 고백에 깃든 생활의 편린이 이제까지 내가 느꼈던 것과는 전혀 다르게 다가왔기 때문이었다.

"착하다는 말이 자꾸만 나를 가두는 것 같아요."

무엇이었을까? 그이로 하여금 '선언'을 하게 한 것은. 내가 알고 있던 그의 삶을 나는 다시 반추해 보았다. 홀어머니에 가진 재산도, 들추어낼 가문의 영광도 없는 한갓 아녀자로 시집와서, 첫인상이

보기에도 깐깐한 시어머니 밑에서 이날 이때껏 암탉이 울면 집안이 망할세라 숨죽이며 살아온 세월이었다. 남자라는 이유 하나만으로 우대받고 자라 소소한 집안일일랑 어머니와 집사람에게 맡겨 두고 호탕하게 술 먹고 주변관계 잘 챙기는 '남자다운' 남편 만나 내조 잘하고 그 남자의 대 끊기지 않게 아들도 둘씩이나 텀벙 낳아 행복한 가정 꾸리며 사노라 살아왔을 터였다. 허나 살면서 느꼈겠지. 아무리 그가 시부모 잘 모시고 가족을 위해 헌신해도 그건 가장인 남편을 보조하는 '안사람'의 일인 것을. 그가 마을공동체의 한 사람으로서 함께하는 마음으로 성의를 다해도 그 일 역시 마을 이장인 남편을 내조하는 아녀자의 '집안일'에 불과한 것을. 매일 보는 텔레비전에선 여성시대가 열린다 하고 일하는 여성은 아름답다며 '프로여성'들의 성공담이 소개되지만 그건 철이 엄마 자신의 삶과는 전혀 상관없는 다른 세계의 이야기였을 것이다. 가방끈 짧고 세상 정보에도 어둡고 외모도 받쳐 주지 않는 시골 아낙인 자신이 아무리 가사노동과 농사일의 프로라 해도 그 일은 '집안일' 일 뿐이요, 자신은 '집사람' 일 뿐이라는 것을. 그래서였을 터였다. 가족도 그만하면 화목하고 아이들도 잘 크고 남부럽지 않을 만큼 먹고살 만한데도 나이가 들수록 마음 한구석 허했던 것이다. 아이들은 자라 제 세계를 찾아 커 나가고 자신이 애써 함께 이루며 살아왔다고 믿었던 세계

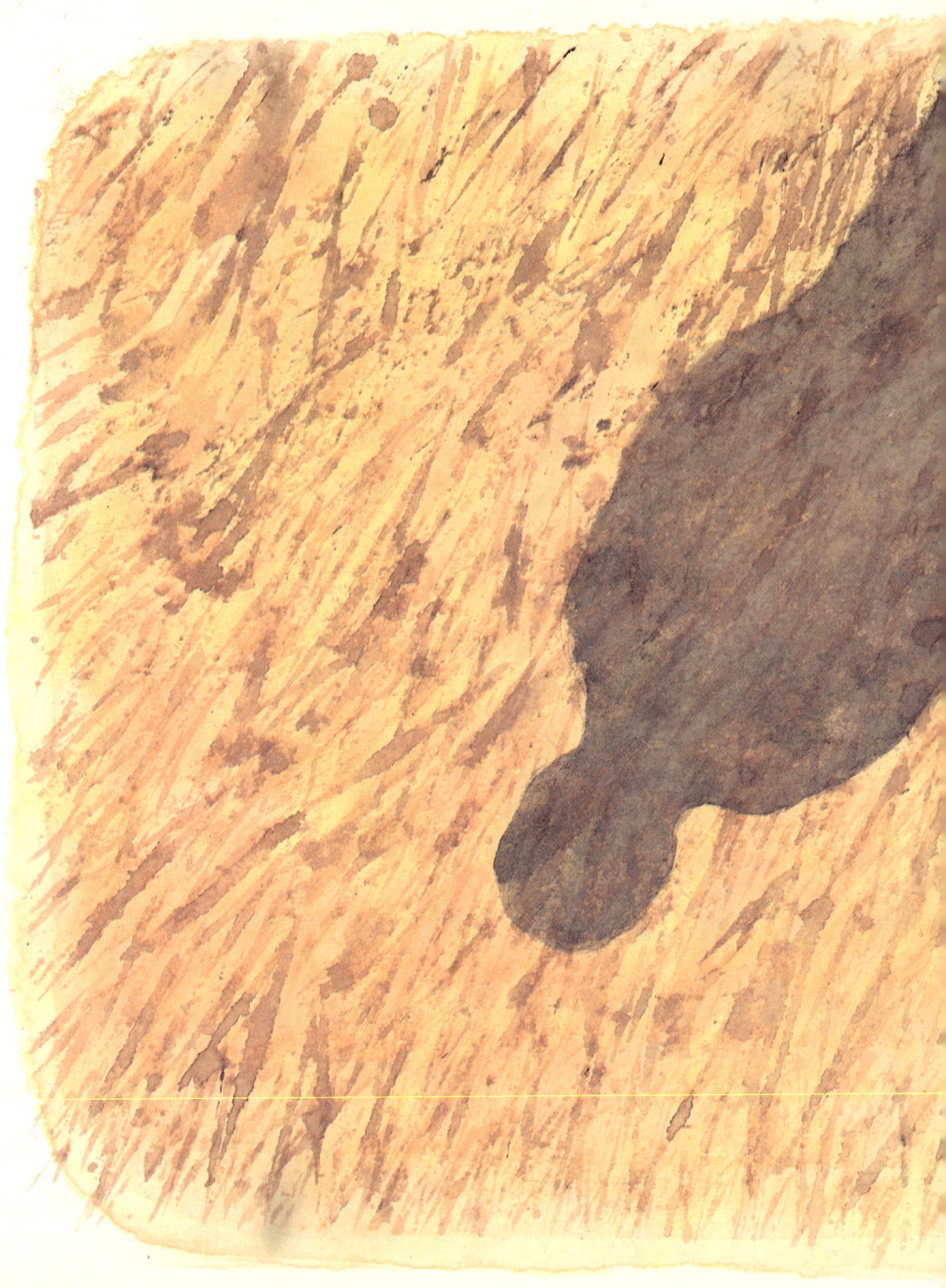

에 자신이 앉을 자리가 없다는 '부재의 발견'이었을 것이다. 문득 도시에서 살다 온 '가방끈 긴' 나는 그에게 무엇으로 다가갔던 사람일까라는 데에 생각이 미치자 화들짝 정신이 들었다. 마을에 초상이나 혼례처럼 큰일이 있을 때, 백여 명 분의 음식 준비에 뒷설거지까지 손발이 척척 맞게 차려 내던 그와 동네 아낙들. 그것도 한 끼니로 끝나는 게 아니라 보통 이삼 일을 꼬박 치러 내야 하는 먹자판에 어설프게 얼쩡거리던 내 모습. 팔 걷어붙여 함께 거들거나 그 번거로움과 힘겨움의 자리에 있기보단 나 역시 '착하다'는 시선으로 관조했던 것은 아니었는지.

 그랬다. 철이 엄마와 같은 아낙들의 넉넉함에 기대어 엉거주춤 있었던 것이 내 모습이었다. 내게 그들보다 긴 가방끈과 전문직 여성이라는 레테르가 없었다면 이 할 일 많은 시골에서 어떻게 마냥 아마추어 노동력으로 살아갈 수 있겠는가! 시골 여성들의 노동은 한 번도 사회적으로 인정받은 적이 없는 '집안일'이었음에도 그 노동 없이는 남성들의 농사일도, 그들이 누린 권위도, 그것에 기반한 가부장적 씨족공동체도 유지될 수 없었던 게 농촌의 살림살이인 것을. 한평생 노동으로 허리가 호미처럼 구부러진 숱한 '철이 엄마'들의 삶의 자리에서 바라보지 않는다면 내 여성으로서의 자의식이나 꿈은 가짜라는 깨달음이 아프게 다가왔다.

나는 철이 엄마가 비로소 귀 기울이기 시작한 '자신의 목소리'가 그냥 스러지지 않기를 바란다. 혹 그로 인해 그의 내면이 때로 그가 지극히 사랑하는 남편과 불화하고 가족과 불화하고 마을과 불화한다 하더라도 그가 '그냥 좋은 게 좋은 거지'라며 모처럼 발견한 자신의 거처를 찾는 여행을 그만두지 않기를, 나는 염원한다. 정글과도 같은 경쟁을 뚫고 성공 미담을 이룬 텔레비전 속 여성들과는 또 다른 자리에서, 철이 엄마와 그의 동료 아낙들이 일상의 밑바닥 모진 노동에서 단련된 야무진 일매와 넉넉한 품으로 새로운 삶의 질서를 신명나게 풀어가는 여성이 되기를. 살맛나는 새로운 농촌공동체를 만드는 주체로 우뚝 서기를. 이것이 설익은 내 자의식의 허위

의식이 아니기를. 그 길에서 그들과 내가 속 깊은 우정을 나누고 연대하기를 꿈꾸어 보는 것이다.

이태 전, 철이 엄마는 조리사 시험을 준비하더니 작년에 동네 아이들이 다니는 초등학교에 조리사로 취직하였다. 나이에 비해 일찍 찾아온 관절염으로 고생하는 그가 염려되어 서서 일하는데 힘들지 않느냐고 물으니 집안일만 하는 것보다 돈도 벌고 좋단다. 아마도 결혼 후 처음으로 자신의 이름으로 통장에 돈이 입금되고 집안일로만 취급되지 않는 사회적 일의 성취감에 뿌듯하리라.

나는 그날 이후 그를 철이 엄마라 부르지 않고 어떤 자리에서건 '선숙씨'라 부르게 되었다. 아무도 불러 주지 않는 그의 이름을 부디 잊지 말라는 마음에서…….

뻥튀기 아저씨

　　　　우리 옆 동네에는 때가 되면 오일장이 서는데 장날이면 어김없이 뻥튀기 아저씨가 있다.
　볼일을 보고 장에 들렀는데 뻥튀기 아저씨가 막 짐을 정리하려는 참이었다. 나는 아저씨에게 쌀을 가져올 테니 15분 정도 기다려줄 수 있겠느냐고 물었다. 아저씨는 그렇잖아도 하루 매상이 적어 아쉽던 차에 잘됐다며 빨리 다녀오라고 했다.
　집까지 가까운 거리인지라 나는 15분이 안 되어 도착했고 아저씨는 그대로 기다리고 있었다. 방금 튀겨 놓은 '뻥과자'는 뜨거워서 비닐에 담으려면 웬만큼 식어야 했기에 기다리던 나는 지나가는 말로 물었다.

"이걸로 생계가 해결되세요?"

그러자 아저씨는 내가 물은 그 한마디에 자신의 살아온 이야기를 주-욱 늘어놓기 시작했다. 그의 첫마디는 이랬다.

"아, 내가 얼마나 못난 놈이냐면, 초등학교 때부터 공부를 지지리도 못한 거여."

초등학교 때부터 그는 항상 매를 달고 살았다. 마음씨 고왔던 여선생님 한 분을 제외하고, 선생님은 항상 몽둥이로 매를 때리는 사람이었고, 학교는 매 맞는 곳이었다. 집은 지지리도 가난했고 공부도 못했다. 어느 땐가 한번은 친척 중에 대학 나온 사람이 있어서 공부를 가르쳐주다가 공부를 못한다고 쇠망치로 머리를 때려 피범벅이 된 적도 있었다. (이 이야기를 하는 중에도 그는 "아 내가 그렇게 못난 놈이에요"라고 말하는 것이었다.)

그렇게 중학교를 겨우 졸업하고 바로 사회에 나가 돈벌이를 했다. 한번은 남의 집 가게에서 일을 했는데 주인이 일한 값은 안 주고 부당하게 대하기에 그를 때렸다가 감방살이를 하게 됐다. 그 후로도 두세 번 감방살이를 했다. 리어카 끄는 일을 하다가 사람을 치었는데 변상할 돈이 없어 감방에서 몸으로 때운 적도 있었다. 벌이가 없을 땐 노숙자 생활을 하며 구걸도 해봤고, 산에 올라가 묘지 제상 음식을 훔쳐 먹으며 생활한 적도 있었다.

어느 날 개차반으로 사는 그를 보고 그의 어머니가 무당을 불러 굿판을 벌였다. 굿이 끝나고 무당은 그에게 몇 가지 당부를 했다. 산을 내려가는 길에 부정한 것을 보거나 만지지 말라는 것이었다. 그런데 하필 그날 그는 산을 내려가는 길가에서 죽은 개를 보고 말

앉다. 그 말을 전하자, 무당은 도대체 '잘 풀리지 않을 것 같은 인생'이라고 말했다. 그래도 살아보려고 그는 새벽 인력 시장에 나가 공사판 막일을 하였는데 그것도 기껏해야 한 달에 이삼 일 밖에 일거리가 없어, 그나마 살만한 처지에 있는 누나를 찾아가 돈을 꾸거나 빌어먹기 일쑤였다.

'세상은 이리 변해 가는데 왜 나는 이렇게 변하지 않을까?' 그는 이런 생각을 자주 했다. 그런 어느 날 지인이 자신의 사업을 인수하라 해서 찾아가 보니 낡은 뻥튀기 기계가 있었다. 그는 15만 원에 기계를 사들였다. 그러나 기계가 낡아서 김이 자꾸 새고 잘 튀겨지지 않는 것이었다. 그래서 새로 기계를 하나 샀는데 그 값이 15만 원이었다. 기계를 판 사람이 사기를 친 건지, 정말 돕고 싶었던 건지 잘 모르는 일이었지만, 어찌됐든 그는 자기 인생의 은인이 된 사람이라고 생각했다. 뻥튀기는 일은 하루 나가면 일한 만큼 벌었기 때문에 안정된 수입을 얻을 수 있었다. 트럭도 중고로 빚을 얻어 사고 할부로 갚아 나갔는데 장이 서는 곳마다 하루도 빠지지 않고 아침부터 밤까지 어떤 때는 밤 12시까지 몸이 부서져라 일을 했다. 그러다 보니 빚도 다 갚고, 늘 월세 방을 전전했는데 이젠 월세를 놓는 신세로까지 바뀌었다는 것이다. 다섯 형제 중에 가장 구제불능이던 그가 이젠 어머니를 모시고 산다는 것이었다.

"아 이노무 거 나같이 못난 놈이 어머니를 모시게 될지 누가 알았 겠어요?"

그가 쑥스러운 표정으로 웃었다. 그리고 그는 한 달에 한 번은 구걸하는 사람에게 만 원씩 쥐어 준다고 했다.

"내가 구걸을 해봤으니 그 사람들 심정을 잘 알 것 아니에요?"

'이걸로 생계가 해결되세요?' 라고 스쳐가듯 물은 질문에 대한 그의 이야기는 구성지고 진실하여 한 편의 영화를 본 듯했다. 이야기를 듣는 동안 어느새 주위가 어두워지고 있었다. 이미 다른 장사치들도 자리를 다 거둬들이고 오가던 사람들도 뜸했다. 길을 지나가던 사람들은 웬 아줌마가 저리 실없어 보이는 남자 이야기를 오래도록 듣고 있나 싶어 흘끔거리기도 했다. 몇몇 낯익은 장사치들도 아저씨 이야기에 고개를 끄덕이고 묻기도 하면서 수작을 주고받는 모양새가 의외라는 표정으로 나를 보기도 했지만 나는 그냥 편하고 좋았다.

"아저씨 재미있는 얘기, 좋은 말씀 잘 들었어요!"

"또 오세요."

아저씨가 목청 좋게 인사를 했다. 나는 내심 저녁 먹을 때도 됐고 해서 근처 허름한 식당에서 막걸리 한잔하며 이야기를 더 나누고 싶었다. 하지만 마음과는 달리 남의 이목과 인습에 자유롭지 못한 나는 아쉬움을 남긴 채 집으로 돌아왔다.

내가 더 듣고 싶었던 이야기는 '나는 왜 변화하지 못하나?'라고 스스로 묻곤 했다는 변화의 갈망에 대해서였다.

나는 왜 이다지도 변화하지 못하나?

그날 집에 돌아온 나는 콧노래가 나올 만큼 기분이 가볍고 좋았다. 낯선 타인에게 자신의 잘난 것 없는 인생 이야기를 푼수처럼 솔직히 얘기해 준 아저씨가 고맙기도 했고, 무엇보다 '나는 왜 이리도 변화하지 못하나?' 라는 질문을 스스로에게 하곤 했다는 뻥튀기 아저씨의 말씀이 깊은 여운을 남겼기 때문이었다. 나는 그날 하느님을 만난 것같이 기분이 마냥 좋았다.

오죽하면 이름도 개두룹이랴!

아이가 다니는 초등학교 바로 뒤에는 사회 복지 시설이 있다. 이곳 아이들은 모두 마을 아이들과 같은 초등학교에 다닌다. 시설이 들어선 것이 꽤 오래전 일인데도 지금껏 이곳에 대한 마을 사람들의 반응은 대체로 서늘하다.

사람들은 "복지 시설이랍시고 정부 돈 타먹고 장사하는 것 아니냐?"는 의심의 눈길부터 "결손 가정 애들인데 뭘 보고 배웠겠느냐, 학교 분위기 흐려 놓는 거 아니냐?"며 불만을 토로했다. 하긴 한 학년이 한 반뿐이고 전교생이 140명이 채 안 되는 작은 학교에서 삼분의 일을 차지하는 시설 아이들은 부모들에게 큰 관심과 걱정거리가 아닐 수 없었다.

 그러나 이 아이들이 어떤 아이들인가. 가정 형편이 어려워져 부모가 이혼하고 어느 한쪽을 택해야 했고, 부모의 불화로 인해 숱한 부부싸움과 폭력을 목격했을 것이며, 결국 갈 곳을 잃어 친척집을 전전하다 최종 선택지로 이곳에 오게 된 것이다. 이미 아이들은 어린 나이에 엿본 어른 세계의 부조리함과 감당하기 버거운 슬픔과 상처를 가슴속에 감춘 채 세상을 향해 한껏 가시가 돋친 모습이었다. 오히려 이런 아이들이 아무 일 없었다는 듯 학교생활을 한다면 그게 더 이상한 일일 것이다. 아무개가 가출해서 며칠 째 안 들어온다느니, 머시기가 같은 반 거시기에게 심한 욕을 했다느니, 큰 싸움으로 번지진 않았지만 뜸하지 않게 아이들 사이엔 마찰이 일곤 했다.

 하지만 사건은 아이들보다 부모들 쪽에서 터졌다. 학교 어머니회 임원 아들인 아이가 시설 아이를 때렸는데 시설의 형들 몇 명이 그 아이를 야단치고 때렸다는 것이었다. 가뜩 시설에 대해 심사 사납던 아이의 부모는 이 일을 덮어 두려 하지 않았다. 문제가 더 커진 건, 그 아이의 담임선생님이 학부모의 과도한 반응과 그에 호응한 엄마들에 대해 '이기적'이라고 일종의 질책성 발언을 한 데서 시작되었다. 학부모들은 그 아이의 엄마 편과 담임선생님 편으로 갈라져 대립하였다.

"고아원이 얼마나 돈을 벌었기에 넓은 땅에 수영장까지 있느냐?" 로부터 시작해서 "대부분 선생님들도 시설 아이들 때문에 수업하기 힘들다고 하더라. 우리 애들이 피해를 보는 건 사실이지 않느냐?" 까지. 이에 맞서서 "애들 싸움은 아이들과 담임선생님한테 맡겨두면 될 일을 엄마들이 나서서 이렇게 확대시킬 필요까지 있었냐?"로부터 "어차피 마을에서 함께 살 수밖에 없는데 처음부터 배척하는 건 이기적인 텃세 아니냐?"로까지.

갈등의 불길은 엄마들 간의 대립으로 번져 갈 것만 같았다. 해결책은 시설에 대해 신뢰를 갖는 데 달려 있었다. 결국 시설 원장이 나서게 되었다. 시설 원장은 마을 학부모들과의 대화에서, 부모님 때부터 전쟁고아들을 보살피는 일을 했다는 것과 도시에 있던 시설의 땅을 팔아 시골의 넓은 땅을 살 수 있었다는 것, 아이들에게 자연환경과 좋은 시설을 마련해 주고 싶어 이곳으로 이사 왔다는 것, 자신의 친자식도 시설 아이들과 똑같이 키워 왔다는 것까지…… 말하였다. 그리하여, 믿거나 말거나 엄마들 간의 갈등은 일단락되었다.

시간이 흘러 학년이 올라갈수록 시설 아이들은 모난 돌멩이가 둥글어지듯 좀 더 부드럽고 밝아졌다. 아이들의 그런 모습을 지켜본 엄마들은 공동체 생활 속에서 서로의 그리움과 상처를 보듬고 나누었을 시설에 대한 신뢰감을 쌓아 가게 되었다. 초등학교와 시설은 자매결연을 하고 시설의 수영장이나 강당은 학교 아이들을 위해 필요하면 언제나 개방하는 등 서로 어려운 일이 있을 때마다 도왔다.

아이들은 학교에서 잘 섞여 지냈다. 엄마들은 네 편 내 편이 없었고 시설 아이들에 대해서도 한층 너그러워졌다. 하지만 아이들을 하나 둘 읍으로 전학 보내기 시작했다.

"중학교 가야하는데 공부 좀 하는 학교로 가야지. 솔직히 여긴 애들이 너무 경쟁력이 없잖아."

전학시키는 이유에 있어선 담임선생님 편이었건 어머니회 임원 편이었건 차이가 없었다. 그들에게는 내 아이와 시설 아이가 같을 수는 없다는 편견과 오만이 깃들어 있다고 나는 생각했다. 그렇다면, 나는 그런 오만과 편견으로부터 얼마만큼의 거리를 유지하고 있었던 걸까?

작은 마을 학교에 화해와 연민의 기운이 눈처럼 내리던 그해 겨울, 나는 날마다 집 뒤 동산과 그 너머로 펼쳐 있는 논 벌판을 거닐었다. 동산 속으로 난 오솔길을 걷다 보면 키 큰 소나무와 상수리나무가 어우러져 작은 숲을 이루고 있었다. 난 그 숲을 거닐며 내 인생의 한 해를 갈무리하고 싶었다. 유독 추운 날이었다. 매서운 바람이 옷 벗은 나무들을 툭, 툭 치며 지나다녔다. 바람의 기세에 눌린 나무들은 그저 우-웅 우웅거릴 뿐이었다. 그런데 유독 칼바람에도 독기를 가득 품고 퍼렇게 시린 알몸으로 맞선 나무가 있었다. 볼품없이 비틀리고, 가늘고, 작은……. 게다가 온몸에 가시가 돋친 나무였다.

'허, 조금만 건드려도 잘난 자존심 뾰족 세우고 제 안에 갇혀 버리고 마는 물건이 여기도 있었네.'

소나무는 사시사철 품위를 잃지 않고, 상수리나무는 풍성한 열매를 인심 좋게 내어 주는데……. 요모조모 아무리 뜯어보아도 건넛집 할머니 집 불쏘시개로나 쓰일 법한, 그런 나무였다.

그런데 그해 봄, 몰골이 일그러진 가시나무에도 아기 청개구리 피부색 같은 새순이 자라기 시작했다. 새순이 돋아서야 그것이 개두릅인줄 알았고 엄나무 순인줄 알았다.

'두릅이라고 다 같은 두릅이겠어, 오죽하면 개두릅이랴!'

그리 생각하고 가시투성이 줄기에서 새순이 피어나는 것만도 대견하다 싶었다. 그런데, 그런데 말이다. 개두릅 순이 요렇게 쌉싸름하니 맛 좋고 향기로운 줄 몰랐다. 끓는 물에 살짝 데쳐 초고추장에 찍어 먹으니 갓 잡은 생선회도 저리 가라였다.

며칠 후 두릅 순을 따며 나는 중얼거렸다.

"야, 너 참 대단하구나. 덕분에 내 혀가 즐겁다."

그러자 두릅 순이 하는 말.

"내가 뭘, 난 그냥 나인 채로 있었을 뿐인데."

"아하 그래, 겸손은 미덕이지. 근데 이름이 좀 그렇지 않니? 개두릅이라니. 네 향기와 맛에 걸맞은 이름을 지어 주고 싶은데."

"뭐 상관있나? 어차피 이름이란 불러 주는 사람에 따라 달라지는 걸. 이름이 바뀐들 내게 달라질 게 뭐가 있겠어. 난 그저 뭇 생명들과 하나가 되고 싶을 뿐이야."

"하나가 된다고? 그건 당치않네. 어떻게 모두가 하나가 된단 말인가? 나무는 나무요 사람은 사람이지."

"너는 나를 먹지 않았니? 먹히는 건 하나가 되는 거야. 그것도 자청해서 먹혀야 되는 법이지. 태양이 왜 매일 저렇게 뜨는 줄 알아?"

"그야 빛을 비추려는 거 아니겠어?"

"나는 햇빛을 먹어. 해가 저 하늘 높은 곳에서 내려다보고 비추기만 한다면 나하고 무슨 관계가 있겠어, 먹고 먹혀야 하는 것이지."

"난 겨우내 고요와 침묵 속에서 봄이 되면 먹히려고 나 자신을 갈무리했어. 우리 생명들은 모두 한 몸뚱이가 되고 싶어해. 서로 먹고 먹히며 사랑을 나누고 기쁨을 누리지. 그대도 하나가 되려면 나처럼 먹혀야 해."

이해하기 힘든 알쏭달쏭한 말을 뒤로하고 숲길을 걸어 나오는데, 등 뒤에서 나무들이 저희들끼리 수군거리는 소리가 들려왔다.

"이봐, 자네 너무 어려운 말을 했네 그려. 듣는 사람의 눈높이에 맞춰서 할 얘기가 있고 안 할 얘기가 있지 않은가?"

"다른 생명을 먹고 진심으로 감사할 줄 아는 마음 하나만 가지면 깨달을 수 있을 것을……."

"아 좀 더 기다리게. 지난겨울 내내 저 어리석은 사람의 멸시와

눈총을 품에 안지 않았나? 조금만 건드려도 잘난 자존심 하나 뾰족 세우고 제 안에 갇혀 버리고 마는 물건일세. 뭣이든 좀 기다려 보게."

"사람이란 생명은 참 늦되는가 보이. 나이 마흔이 넘도록 오만과 편견에 사로잡혀 이름에나 매달리고 생명의 이치를 모르고 사니 말일세. 그러나 어쩌겠나, 좀 아는 우리가 기다려야지."

"그래, 그러세."

내 필통 속 도토리나무

　　　　　　바람이 살랑거리는 맑은 가을날이었다. 난 그림을 그리려했다. 집 뒤 언덕에 있는 아담한 무덤가 잔디 위에서 무덤을 따라 둥글게 주위를 감싸고 있는 도토리나무와 그 아래로 내려다보이는 마을의 논이며, 집이며, 길 등의 풍경을 그리려던 참이었다. 늘 지니고 다니는 드로잉 북을 펼치고 연필을 쥐려는데, 뭔가 토도독 하는 소리가 났다. 마른 나뭇잎 위로 떨어지는 도토리 소리였다. 한 개, 두 개, 세 개, 네 개나 되네? 도토리는 잘 닦아 놓은 구두코처럼 반질반질 윤이 났다. 야무지고 귀엽게 생겼네, 이걸로 뭘 할까? 나는 오래되어 칠이 벗겨지고 녹슨 내 양철 필통 안에

도토리를 담았다. 우리 집 마당에나 심어 볼까? 한 개는 우리 큰아이 나무, 또 하나는 우리 작은아이 나무, 또 한 개는……, 혼자 히죽거리는데 무덤가 길 건너편에 사시는 꼬부랑 할머니가 걸어오셨다.

"어뎄노? 도토리 어뎄노?"

할머니는 허리를 더욱 꼬부린 채 바닥을 살피는 것이었다.

"할머니, 뭐 하세요?" (짐짓 시침을 떼고.)

"도토리 떨어지는 소리가 분명히 들렸는데. 도토리묵 쒀서 우리 큰아들 돌아오면 줄려고 했는데, 어뎄노? 우리 큰애가 도토리묵 좋아하는데, 도토리 어뎄노?"

나는 얼핏 아흔이 가까운 꼬부랑 할머니의 사연을 떠올렸다.

1950년 6월 25일. 전쟁은 이 고요한 섬 강화에도 지울 수 없는 아픈 기억과 상처를 남겼다. 전쟁이 일어난 직후 북한의 인민군이 밀려왔을 때, 마을 사람들은 살아남기 위해 어쩔 수 없이 그들에게 협력하였다. 그런데 곧이어 9·28 수복이 된 뒤 11월부터 다음 해인 1·4 후퇴 때까지 우익단체들은 좌익에 협조한 양민들을 학살했다. 좌우익이 뭔지도 모르는 백성들은 자신이 왜 죽어야 하는지도 모르는 채 우익단체 청년들에게 죽임을 당했다. 강화대교 밑에서 집단으로 총살당한 후 수장되기도 하고 양조장에 갇힌 채 죽임을 당했다고 한다. 그 와중에 꼬부랑 할머니의 큰아들도 어디론가 행방불명이 되었고 할머니는 55년이 지난 지금도 사라진 아들을 기다리고 있다는 것이었다.

어떻게 들었을까? 평소엔 귀가 어두워 가까이서도 소리치듯 큰 소리로 말해야 겨우 알아들으셨는데.
"할머니, 눈도 어둡고 귀도 어두우신데 도토리 떨어지는 소리가 들렸어요?"
"응, 그럼. 도토리 떨어지는 소리 들렸지. 크게 들렸지, 어뎄노?"

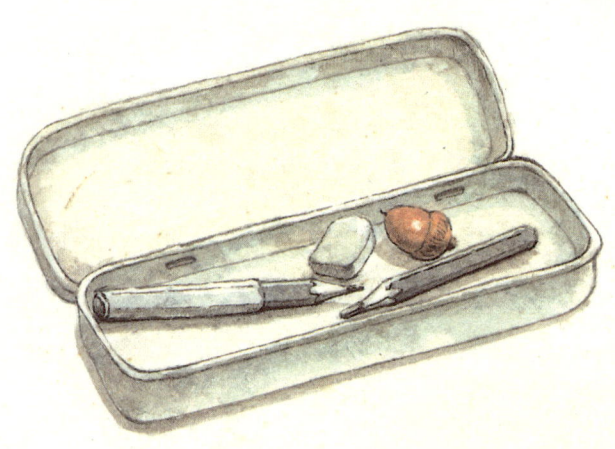

난 더 이상 도토리를 감춰 둘 수가 없었다. 필통 뚜껑을 열고 도토리를 집었다. 하나, 둘, 셋……, 망설이다 하나는 필통 속에 남겨 두고 슬며시 나무 밑 잔디 위에 올려놓았다.

"아잉-, 여기 있구만, 그러면 그렇지 내 귀가 틀림없지."

꼬부랑 할머니는 도토리를 보물인 양 치마폭에 꼭 감싸 쥐었다. 참 기이한 일이네. 도토리 떨어지는 소리가 들리다니. 55년 동안이나 묵힌 가슴속 그리움으로만 들리는 소리가 있는 것인가? 나는 깡마르고 꼬부라진 할머니 뒷모습이 시야에서 사라질 때까지 멍하니 지켜보았다.

"아, 이제 그림 그려야지."

필통을 열려던 나는 잠시 주춤했다. 필통 뚜껑이 절로 움찔움찔 들썩거리는 것이었다.

개구리가 들어간 걸까. 나는 조심스럽게 필통 뚜껑을 젖혔다. 순간 나는 깜짝 놀랐다.

한 알 남겨 둔 필통 속 도토리가, 마치 텔레비전 화면에서 고속촬영으로 봤던 개화하는 꽃처럼 그렇게 싹이 나고, 잎이 나고, 줄기가 뻗더니 마침내 커다랗고 잎이 무성한 도토리나무로 자라고 있는 것이었다. 나무는 곧 수많은 도토리 열매를 맺더니 그 열매들 수만큼의 도토리나무들이 또 자라고 눈 깜짝할 새에 빽빽한 도토리나무 숲을 이루는 것이었다. 자세히 보니, 그 숲 사이엔 옹기종기 초가집이 모여 있는데 그중 한 초가집 굴뚝에서 연기가 모락모락 나고 그 집 부엌엔 발목까지 내려오는 흰 광목 앞치마를 허리에 둘러맨 젊은 아낙이 커다란 가마솥에 하나 가득 도토리묵을 쑤고 있었다. 어딘지 낯익다 싶어 좀 더 자세히 들여다보니 땀을 뻘뻘 흘리며 커다란 나무주걱을 젓고 있는 모습이 영락없는 꼬부랑 할머니의 젊은 각시 때 모습이었다.

"어머니, 인제 묵 다 됐수?"

부엌문 턱엔 까까머리 사내아이가 보채고 있다.

"아야, 보채지 말고 기다리래. 이제 다 돼 간다."

아이는 빈 함지를 가져와 젊은 어머니가 함지에 묵을 부어 식히는 것을 돕고 알맞게 식어 야들야들한 도토리묵을 뚝 떼어 간장 종지에 찍어 먹는다.

"아무리 묵이라도 그리 급히 먹으면 체한다. 천천히 먹어라."

젊은 어머니는 볼이 미어터지게 먹는 까까머리 사내아이를 바라본다. 그리고 비워지는 묵 접시를 마냥 채워 준다. 아이가 배를 채우길 기다려 젊은 어머니는 묵 한 덩이씩을 아이 손에 들려 옆집과 앞집도 돌리고 뒷집과도 나눠 먹는다. 이윽고 지나가던 인민군이 잠시 그 집 툇마루에 앉아 쉬어 가니, 인심 좋은 아낙은 묵 한 접시와 시원한 냉수 한 사발을 아이 손에 들려 보낸다. 좀 있자니 지나던 국군도 땀에 전 군화를 벗어 놓고 잠시 그 집 툇마루에 누워 쉬었다 간다. 마음씨 착한 주인 아낙은 묵 한 접시에 시원한 냉수 한 사발 곁들여 아이 손에 들려 보낸다. 도토리나무 숲 초가집 사람들은 당장 다음 끼니를 굶더라도 콩 한 쪽이라도 늘 나누며 살았고 마음 넉넉한 마을 사람들이 남겨 둔 도토리를 숲 속 다람쥐는 부지런히 모으고 있는 것이었다.

그날 나는 결국 풍경화를 그리지 못하고 한참을 내 필통 속 도토리나무 숲 마을에 하염없이 머물러 있었다.

도시락 먹는 노인들

할머니 집은 바닷가 포구 근처 음식점 옆에 쓰레기 더미처럼 묻혀 있었다.

사람이 살 법하지 않은 마당엔 풀들이 제멋대로 자라나 무성했다. 마당 한쪽, 나무를 세워 칸막이를 해놓은 우리 안에는 대여섯 마리의 개가 짖어댄다. 개들은 양껏 먹지 못해 하나같이 말랐고 컹컹대며 짖는 소리만 요란스럽다. 낡은 여닫이문을 열고 들어서니 두 평 남짓한 실내가 있고 방으로 향하는 쪽문이 있는데 방문을 열자 악취가 진동한다. 방 안에도 개가 서너 마리나 있다. 좁은 방바닥엔 개 사료를 담은 개 밥그릇과 사람 밥그릇이 구별 없이 굴러다니고 할머니 몸 하나 누을 작은 침대 외엔 발 디딜 틈 없이 어지럽다. 텔레비전 소리가 요란하다.

"할머니, 도시락 왔어요."

"아휴, 목사님 오셨구먼."

도수 높은 돋보기 탓에 괴기스럽게 일그러져 보이는 할머니의 초점 없는 눈이 그제야 이쪽을 바라본다.

"할머니, 몸도 편찮으실 텐데 강아지 한 마리만 키우세요. 이러다 전염병이라도 옮으면 어쩌려고 그러세요?"

실제로 할머니는 위생적이지 못한 환경 탓에 피부병을 앓고 있었다.

"안 돼, 내가 다 키울 거야. 그런 소리 마."

개에 대한 할머니의 집착은 강 목사의 만류와 몇 번의 간청에도 막무가내였다.

할머니는 어린 나이에 시집을 갔다가 아이를 못 낳아 소박을 맞고 나이 많은 사내의 재취로 들어갔다 또 쫓겨났다. 지아비의 자식을 낳지 못하여 가족의 연결고리가 끊어진 여인은 누구에게도 관심과 보살핌을 받지 못한 채 외로움과 빈곤의 세월을 살아왔을 것이다. 처음에 할머니가 기르던 개는 두세 마리였다. 차츰 번식하여 감당하기 벅차게 늘어난 것이 지금의 '개판'인 할머니 집의 풍경이었다.

허리가 꼬부라지고 노쇠하여 집 안팎을 돌보지 못하는데도 번식에 대한 한 맺힌 욕망과 외로움을 개 키우는 것으로 달래는 듯 보였다. 그런 처지의 할머니가 자신의 몸을 공양하는 유일한 양식은 도시락이 전부였다.

농촌 지역인 이곳 강화에 혼자 살면서 복지센터의 보살핌을 받는 노인은 백이십여 명이고 그중 대부분은 할머니들이다. 혼자 사는 노인들은 무엇을 소망하며 살아가는 것일까?

흔히 연세 많으신 노인들은 "빨리 죽어야 할 텐데…… 죽어지지도 않고……"라고 하신다. 그러나 사람은 누구나 살기를 원한다. 그것도 건강하고 행복하게 오래 살기를 원하는 것이 인지상정이다. 혼자 사는 노인들의 소망도 마찬가지겠지. 특히 그들은 외롭지 않기를 간절히 원한다. 도시락 배달하는 봉사자 중 한 분이 어느 할머니 댁에 갔다가 인기척이 없어 안 계신 줄 알고 마루에 도시락을 두고 왔던 적이 있었다. 다음에 방문했을 때 그 할머니는 다시는 도시락을 안 먹겠다며 몹시 노여워했다는 것이었다. 그나마 도시락 가져올 때 사람 구경하고 얘기도 나누던 즐거움을 빼앗긴 것이 몹시 서운했던 것이다.

"혼자 사는 노인들은 거의 밥을 안 해 드시기 때문에 도시락으로 끼니를 때우고 그나마 다양한 종류의 반찬이 노인들의 건강을 유지

시켜주지요. 하지만 도시락만큼 중요한 건 도시락을 드릴 때 따뜻한 말 한마디 나누는 것이에요. 그래서 저는 도시락 배달이 무척 중요한 일이라고 생각해요."

개 키우는 할머니가 며칠 병원에 입원한 틈을 타 강 목사는 봉사자들과 함께 트럭을 동원하여 개들을 치우고 집 안을 소독하고 쓸데없는 물건을 정리하고 집을 수리했다. 그러나 퇴원 후 집으로 돌아온 할머니는 노발대발하였다. 마치 자식을 훔쳐 간 흉악범에게 향한 것 같은 저주를 퍼붓는 것이었다.

"목사라는 것이 남의 개 팔아먹고 남의 세간 다 훔쳐 가고 어디 잘사나 두고 보자. 차 타고 가다 교통사고라도 날 줄 알아."

하지만 강 목사는 단호하다.

"할머니 절 욕하셔도 할 수 없어요. 개보다 할머니 건강이 더 중요해요. 피부병 다 나으시면 돌려드릴게요."

혼자 사는 할머니들은 많은 분들이 젊은 시절 재취로 시집갔다가 남편이 죽자 전실 자식들의 무관심 속에 방치되거나 버려진 삶의 아픔을 지니고 있었다. 혹은 한국전쟁 중에서 남편과 자식을 잃었거나 반공 이데올로기의 희생자로 오랜 세월 고립과 가난 속에 살아온 분들도 있었다. 혈연과 씨족의 관계 속에서만이 한 개인을 담보해 내는 가부장제와 복지 부재 시대의 희생자들인 셈이었다. 각자의 외로움과 가난과 질병을 그들 스스로가 감당해야 하는 건 그래서 불합리한 것이었다. 다행히도 이 세상엔 사람에 대한 연민의 끈을 놓지 않고 자청해서 감당하려는 사람들이 있다. 세상은 아직 살 만하다.

언젠가 중년의 나이임에도 소녀의 감성을 지닌 강 목사에게 농담처럼 물은 적이 있다.

"목사님은 노처녀가 연애도 좀 하고 애들하고 놀면 딱 좋을 것 같은데 왜 할머니, 할아버지하고 노세요?"

중년의 '소녀'가 정색을 하며 말했다.

"노인들도 누구나 존귀하게 대접받으며 살 권리가 있습니다. 그가 어떤 인생을 살았던지 간에. 왜냐하면 그 삶의 여정이 고단하고 수고로웠을 테니까요."

밝은 곳에 있다 갑자기 어두운 곳을 접하면 사물들이 잘 보이지 않는 것처럼 노인들의 삶은 내게 한참을 들여다보아야 그 윤곽을 감지할 수 있는 어

둠 속 사물과도 같은 존재였다. 그 어둠 속에 함께 거하고 연대하는 사람들 덕에 그들의 삶이 비로소 내게 다가왔다. 모든 것이 상품적 효용성으로 점수 매겨지는 물신화된 세상에서 어느 모로나 생산력이 없고 별 효용성도 없어 보이는 가난한 노인의 삶은 사회로부터 방치돼 있는 게 실상이다. 그러나 노인들의 삶에 무관심하고 그 삶을 격리시키는 것은 젊은 사람들에게도 무관하지 않은 영향을 준다. 늙고 병들고 죽는 그 비극적인 인생의 한 시기를 내 의식이 방치하고 격리시킨다면 그 시기를 통과할 수밖에 없는 '아직 젊은' 내가, 나 자신의

삶을 성찰하고 노년을 준비하며 사회적 연관성을 통찰하는 것을 방해하기 때문이다.

나 역시 늙고 병들고 죽는다. 나는 무엇을 소망할 것인가?

천국의 오디나무

　　　　　　우리 집 앞엔 병풍처럼 펼쳐진 소나무 숲이 있다. 이 소나무 숲은 집 앞의 정취를 더해 주고 마을의 방풍림 역할을 하는 작은 숲이다. 이 숲은 절로 생긴 게 아니라 이 마을에 사는 윤씨 아저씨의 부친이 심었다고 전해 온다.

　환갑을 내일 모레 앞두고 있는 윤씨 아저씨가 열 살 무렵, 어느 점쟁이인지 도사인지 하는 사람이 윤씨의 부친에게 "이곳에 나무를 심으면 마을에 큰 인물이 나서 복이 될 것이다"고 했다는 것이다. 그의 부친은 그 말을 믿고 마을의 안녕과 복을 빌며 나무를 심었다. 그때만 해도 이곳은 바다와 맞닿은 곳까지 벌판 뿐인지라 이곳에 나무를 심는 것은 뜬금없고 실없는 일이었다. 그러나 윤씨 부친의 믿음과 희망은 변치 않았다. 하지만 십 년, 이십 년의 세월이 흘러도 '큰 인물'은 좀처럼 나타나지 않았다. 윤씨의 부친은 왜 그토록 '큰 인물'에 집착했을까?

나무를 심은 때가 50여 년 전이니 한국전쟁 직후였다. 전쟁은 이 마을에도 깊은 상처를 남겼다. 영문 모를 이념의 차이와 갈등, 탐욕

적인 권력집단에 의해 저질러진 보복과 폭력. 소박하게 서로 도우며 살던 마을 사람들은 하루아침에 적이 되기고 하고 밀고자가 되기도 하였다. 마을은 흉흉하기 짝이 없었고 황폐해진 마을을 사이좋은 공동체로 다시 만들고 싶은 소망을 담아 나무를 심었을 것이다.

세월이 흘러 드디어 '큰 인물'이 나오는 듯했다. 이 마을 안씨 집안에서 법관이 나온 것이다. 윤씨 부친 생각엔 높은 자리에 앉아 힘깨나 쓰는 사람이 마을에서 났으니 이제 소망이 이뤄지겠거니 학수고대하게 되었다. 그러나 도시로 아예 짐 싸들고 올라간 법관 집 사람들은 꿩 구워 먹은 소식이고, 덩그마니 커다란 빈집엔 노모만 남아 마을을 더 쓸쓸하게 할 뿐이었다.

윤씨의 부친인들 그런 욕망이 없었을까? 제 아들이 잘 자라 자신이 바라 마지않는 '큰 인물'이 되어주기를……. 하지만 가난하고 못 배운 사람이 '큰 인물'이 될 법 없는 세상 이치를 너무나 잘 아는 아저씨의 부친은 세월이 그를 삼킬 때까지 시름시름 살다 돌아가셨다. 부친이 심은 나무가 숲을 이뤄 깊게 뿌리내린 탓에 밭이 영 못쓰게 되는데도 윤씨 아저씨가 나무를 그대로 둔 것을 보면 부친의 꿈은 윤씨 아저씨에게 대물림된

것임에 틀림없었다.

　윤씨 아저씨는 술을 즐겨 드셨다. 그의 얼굴은 늘 불콰했으며 코끝에 주독이 올라 발그스레했다. 그런데도 때 되면 할 일은 다했다. 설렁설렁 하는 것 같은데 때를 놓치는 법 없이 농사를 지었고 그렇다고 욕심내어 일하는 법도 없었다. 천성이 착하고 순해서 못되게 술주정하는 일이 없던 그가 어느 날인가는 몹시 술에 취해 격해져서는 나무를 다 잘라 버리겠노라고 기세를 부렸다.

　"무슨 큰 인물은, 개뿔! 다 지들만 잘살면 그만인 거야. 에잇, 이 나무 다 베어 버리든가 해야지 원!"

　사연인즉 최근에 법관네 집에 내려와 산다는 그 집 친지를 두고 하는 말인 듯했다. 딱히 그가 뭘 잘못해서가 아니라 부친 때부터 간직해 왔던 소망이 한갓 허공 속에 흩어지는 구름에 지나지 않았다는 허탈감이 그를 사로잡은 것이었으리라. 윤씨 아저씨네 소나무 숲이 없어진다면 우리 집은 얼마나 황량할 것인가! 바다로부터 몰아치는 여름 태풍이나 벌판에서 불어 닥치는 한겨울 칼바람을 어찌 감당할 것인가! 마을 사람들은 아마도 저마다 집 단도리를 다시 해야 할 것이다.

　그런 다음 날, 윤씨 아저씨는 내가 언제 그랬냐는 듯 그 순한 얼굴로 그 착하디 착한 손으로 묵묵히 밭일을 하는 것이었다.

사람 사는 사연이 얼크러지거나 말거나 세월은 흐르는 법.

우리 집 논두렁 가에도 웬 나무가 자라기 시작했다. 나무는 점점 크게 자라더니 열매도 맺는 것이었다. 뜨거운 여름 햇살을 받으며 여문 열매는 거뭇거뭇 조그만 포도송이처럼 생긴 것이 맛도 좋았다. 오디나무였다. 다음 해 한 그루가 나고, 그 다음 해 또 한 그루. 마치 일부러 심어 놓은 것처럼 논두렁 가에 나란히 오디나무가 자라는 것이었다. 오디 열매가 열리자 날아가던 새도 내려앉아 먹고, 텃밭 일구던 나도 그늘에 앉아 열매로 목을 축이고, 놀러 온 아이들도 먹었다. 아이들은 서로의 얼굴을 마주보며 까맣게 물든 이빨과 주둥이로 깔깔대며 찧고 까불었다. 사람이 심어 놓지도 않았는데 절로 나서 열매까지 나누는 기특한 나무일세, 라며 흐뭇해하는데 옆을 스쳐 가던 한 마리 새가 뭔가 알 수 없는 소리를 중얼거리며 날아갔다. 나는 잠시, 오디나무 아래 많은 아이들이 재잘대며 오디를 먹고, 오디나무가 제 가지를 구부려 아이들을 보듬어 안고 새들을 품어 주는 풍경을 상상했다.

문득 먹고 마실 수 있는 자연물 중에 사람이 심고 거두는 게 그리 많지 않다는 생각을 했다. 자연이 스스로 만들어 내는 것이 더 많은데도 사람들은 자신들이 노력해서 얻은 것이 많다고 착각하며 사는 듯 싶었다.

아! 나는 그제야 그 새소리가 무엇이었는지 알 것 같았다. 오디나무는 새들이 심은 것이라는 것을. 그리고 저 새들은 그저 오디 열매를 먹고 이곳 우리 집 논두렁에 와서 똥을 눈 것뿐이라는 것을. 나는 오디나무를 '천국의 오디나무' 라 이름 지었다.

오디나무 건너편 소나무 숲 옆에서 윤씨 아저씨가 밭일하는 모습이 보였다. 나는 '천국의 오디나무' 와 윤씨 아저씨가 아주 잘 어울린다고 생각했다.

천국이 어디 따로 없듯이 큰 인물이 어디 따로 있으랴. 사람은 그가 비록 별 볼일 없어 보이는 사람이라도 어느 순간 그가 숭고한 생각과 꿈을 갖고 그것을 행하였다면 그 순간 그는 큰 인물이 되는 것이고, 하느님처럼 한없이 너그러워진 순간이 있다면 그 순간 그는 하느님인 것 아니겠는가!

그런 생각을 하는 순간, 윤씨 아저씨의 모습이 갑자기 커다랗게 클로즈업되어 내게 다가오는 것이었다. '큰 인물' 로.

갈대가 바람에 흔들리며 부스스 메마른 소리를 낸다. 나도 저 소리를 안다. 내 마음속이 메마르고 힘들 때 내 안에서 나던 소리였다. 갈대가 저희들끼리 몸을 부빈다. 혼자 뭘 잘해 보겠다고 오한 떨지 마라. 피차 불쌍히 여기고 기대며 살아라. 마른 갈대가 흔들흔들, 서로 몸을 기대며 그렇게 얘기하고 있었다.

뒷마당 이야기

너 때문에 되는 게 하나도 없어
들꽃이 예쁜 이유
흔들흔들, 서로 몸을 기댄 갈대
겨울 풍경 유감
병원 수난
엄마, 상담해 드릴까요?
엄마의 초상
글로벌 스탠다드라고요?
한 줌 재로 남은 남자

너 때문에 되는 게 하나도 없어

"에잇, 정말 골칫덩어리야!"

텃밭 주위의 무성한 풀을 베던 나는 짜증이 나고 만다. 잔가시가 많아 몸에 스치기만 해도 상처를 내는 잡초들, 이 어디에도 '쓸모없는 것'을 앞에 두고 나는 어찌할 바를 모른다.

일요일 아침부터 간신히 아이들을 달래 산책을 나선 참이었다. 집 뒤 동산까지 가려면 밭과 둔덕을 넘어 고랑 따라 이어진 길로 올라가야 한다. 평소처럼 둔덕에는 잡초와 덩굴풀이 무성하게 뒤엉켜 있었다. 나는 한 걸음 앞장서서 아이들에게 길을 내준다. 풀을 밟아 눕히고 옆으로 스윽 밀어내기도 한다. 그리고 풀숲에 파묻힌 발을 빼내려는데 덩굴이 놓아주질 않는다. 그때, 발을 옮기려다 그만 덩굴에 걸려 넘어질 뻔한다.

"앗, 따가워!"

아이가 소리쳤다. 뒤따라오던 둘째 아이가 덩굴풀에 상처를 입은 모양이다.

"나 산책 안 갈래."

마지못해 따라온 아이는 이참에 좋은 핑계거리가 생겼다는 듯이 칭얼대기 시작한다.

"나도 안 갈래, 풀이 많은 데는 싫단 말이야. 따갑고 가려워."

이번에 큰아이까지 거들었다.

'가만있자. 이 녀석들을 어떻게 꼬드겨 함께 가지?'

한동안 궁리하던 나는, "다 이 쓸모없는 풀 때문이야!"라고 덩굴풀을 가리키며 단죄하듯 말했다. 아기가 넘어지면 애꿎은 방바닥을 혼내고, 죄 없는 의자를 혼내듯이 덩굴풀을 속죄양으로 몰아붙였다.

"네 이름을 '너 때문에 되는 게 하나도 없어'라고 명하노라."

나는 제사장이라도 된 듯 덩굴풀을 내려다보며 아이들의 동의를 구하는 눈빛을 보냈다. 아이들은 내 뜬금없는 말에 시큰둥하면서도 "너 때문에 되는 게 하나도 없어 풀?" 하고는 키득거렸다. 그 분위기를 어물쩍 타고 아이들과 함께 산책을 할 수 있었다.

이름이란 참 이상한 것이다. 그 이후로 덩굴풀은 정말 '너 때문에 되는 게 하나도 없어'가 되었다. 산책을 할 때건 텃밭을 돌볼 때건 나는 팥쥐 엄마가 콩쥐 대하듯 이 풀을 대했고, 정말 한 치라도 맘에 드는 구석이 없었다.

땅에서 곧장 하늘을 향해 뻗어 자라는 여느 풀들은 낫으로 밑동을 베어 버리거나 손으로 뽑아내면 되지만 이 풀은 달랐다. 꼴에 덩굴이란 족보에 걸맞게 직경 2밀리가 될까 말까한 줄기로 제가 차지할 만한 영역을 넘어 이곳저곳 멋대로 뻗어 가는 것이었다. 잎이 무성해지는 한여름엔 아예 주변의 키 작은 풀들을 덮어 버렸다. 어디 그뿐이랴! 자칫 한동안 밭일을 놓았다간 마당의 주목나무며 자두나무, 토마토, 오이, 호박덩굴까지 까슬까슬한 줄기로 엮어서 제압해 버리는 것이 아닌가!

'어허, 이 고얀 놈 봐라.'

마치 이리저리 전이되는 암세포인 것만 같았다. 그래, 미운털 박힌 놈 호랑이나 물어가 버렸으면 하는 심정으로 우리 집처럼 농약을 치지 않아 풀이 무성한 옆집 이웃에게 농담처럼 말했다.

"이 쓸모없는 풀이 몸에 좋은 약초라거나 특효 암 치료제로 쓰였다거나 하는 뉴스라도 나오면 너도나도 캐갈 텐데……."

그런데 암 진단을 받은 친정 엄마에게 좋다는 약초를 검색하다 우연히 이 '너 때문에 되는 게 하나도 없어 풀'에 대한 정보를 접하게 되었다.

풀 이름: 한삼덩굴

혈압을 낮추고, 폐를 튼튼하게 하며 열을 내리고, 소변을 잘 나가게 하며 어혈을 없애고, 몸 안의 독을 풀어주는 효능이 있다. 학질, 설사, 이질, 폐결핵, 폐농액, 폐렴, 나병, 치질, 고혈압, 정신분열증, 신염, 뱀에 물렸을 때…….

앗! 뒤통수를 한 방 맞은 기분이었다. 해골에 고인 물을 마신 원효의 깨달음 같은 것이 내게로 왔다. 그래, 세상에 쓸모없는 건 하나도 없구나. 흔하다고 귀하지 않은 건 아니건만, 그걸 잊고 살다니…….

사뭇 진지한 마음으로 나는 이 쓸모없던 풀을 새롭게 보기 시작했다. 하지만 시간이 좀 지나자 덩굴풀을 업신여기는 마음이 되살아났다.

'제까짓 게 그래 봤자 잡풀이지 뭐 산삼 뿌리도 아닌 것이…….'

그러자 풀이 내게 은근슬쩍 다가와 말을 거는 것이었다.

"나는 당신이 생각하듯 그리 독선적이지 않답니다. 주위 이웃들과 어깨동무하고 더불어 살고 싶었을 뿐인 걸요. 그리고 당신은 내가 상처를 준다고 미워하지만, 나는 말을 할 줄 모르잖아요. 당신을 건드릴 수밖에……."

"아, 그 그랬었나?"

"하지만 당신은 늘 저를 외면했지요. 모르셨나요? 제가 당신의 발을 잡기까지 했던 거?"

"아, 그때? 난 네게 걸려 넘어질 뻔했었지."

"일부러 넘어뜨리려고 했던 건 아니었어요. 단지 당신이 하도 날 외면하기에 안타까운 마음에 그만…… 미안해요. 난 그저 아이들과 친해지고 싶었어요. 하지만 당신은 내가 아이들에게 다가가는 것도 싫어하더군요."

"네 까칠까칠한 가시가 우리 아이까지 할퀴니 괘씸한 마음이 들었지. 물론 네 진심이 아니라는 걸 이제 알았어."

"아, 난 정말 쓸모없는 존재일지 몰라요. 당신뿐 아니라 사람들은 모두 날 미워해요. 난 세상에 태어나지 말았어야 했나 봐요."

"오, 절대 그렇지 않아. 너도 꽤 쓸모 있던 걸. 폐결핵에도 좋고 몸 안의 독도 풀어주고 고혈압, 정신분열증에……, 약초로 말렸다가 팔면 농가 부수입으로 짭짤할 것도 같던데……."

"……."

"저기 내 말은 그게……."

"결국 당신은 자신에게 유익할 때만 저를 인정하는군요. 하긴 당신뿐인가요? 사람들은 다 그렇지요."

"……."

"만일 내가 사람들에게 유익한 풀이 아니라면 난 다시 '너 때문에 되는 게 하나도 없는' 존재가 되는 건가요?"

"아, 아니 그게 아니라……."

"저도 사랑받고 싶어요. 제게도 있는 그대로의 모습으로 인정받고 사랑받을 권리가 있어요."

"그, 그렇고 말고."

"당신도 자신을 있는 그대로 보고 사랑하길 바래요."

"그, 그래야지."

"당신 아이들에게도."

"그래야지요."

얼굴을 붉히며 황망히 돌아서려는데 환삼덩굴이 말했다.

"아, 그리고 '너 때문에 되는 게 하나도 없는 건' 애초에 없어요. 잘 아시죠?"

"그래요. 내 속에서 먼저 문제를 찾아야겠지요. 그래요. 네, 네."

나는 괜한 손부채를 부치며 진땀을 흘리다가, 마당을 가로질러 집 안으로 들어갔다.

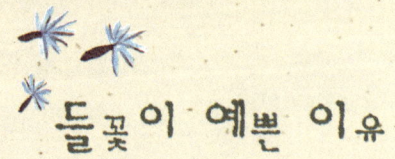
들꽃이 예쁜 이유

4월엔 우리 마당에도 생명의 반란이 일었다. 냉이, 씀바귀, 민들레, 쑥, 돌나물, 원추리, 돌미나리, 꽃마리, 달래, 질경이…….

 제각각의 것들이 하나의 생명의 꽃을 피우는 4월이면 농약 치지 않은 집 주변 땅에서 돋아나는 웬만한 풀은 다 먹을 수 있다. 음력 5월 단오 전까지는 모든 풀에 독성이 없다고 한다. 바지런히 품을 들이고 입에 맞는 것만 찾지 않는다면 따로 심지 않고도 그저 자연이 주는 것만으로도 매끼 반찬을 마련할 수 있다. 매해 이맘때가 되면 어김없이 자연이 일으키는 기적 앞에 나는 설렘과 경외감으로 눈앞에 보이는 생명의 신비를 대면한다.

도시에서 시골로 갓 이사 왔을 적에 나는 이 일상의 기적을 발견하지 못했다. 머릿속은 해야 할 일로 가득 차 있었고 아름다운 자연은 내 바쁜 마음의 배경에 불과했다. 몇 번의 봄이 오고 몇 번의 겨울이 지나서야 생명에 대한 감수성이 깨어나기 시작했다. 나뿐 아니라 나처럼 도시에서 살다 온 사람들에게서 나는 동일한 이행의 과정을 느꼈다. 점차 사람들의 눈에서 독기가 빠지고 뻣뻣한 목 근육이 이완되어, 이제 좀 사람이 헐렁헐렁해지면 일상의 기적을 발견할 수 있는 자세를 갖추게 되는 것이라고.

만물일화萬物一花, 일상에서 생명에 대한 감수성을 키워 자연과 조화하는 삶을 살고 싶었다. 합성세제 대신 친환경세제로 바꾸고 쓰레기는 철저히 분류해서 종이 쓰레기만 집에서 태울 수 있게 했다. 아직 시골에는 분리수거가 되지 않고 환경에 대한 개념이 일반화되지 않아 온갖 비닐 쓰레기를 집에서 태우는 것이 다반사였다. 내가 버리는 물이 오염돼 있으면 그 물이 지층으로 흘러들어 다시 나와 내 가족, 이웃이 먹는 물로 되돌아올 것이다. 비닐 쓰레기를 함부로 태우면 환경호르몬이 든 매캐한 공기가 이 맑은 대기를 더럽힐 것이었다. 새살 돋는 감수성으로 보니 집을 깨끗이 하기 위해 판매되는 세제들이 따지고 보면 다 독이었다. 락스, 피죤, 샴푸나

린스, 트리오, 화장실 변기용 클리너. 보이지 않는 세균까지 깔끔하게 싹쓸이한다는, 사람의 생명을 역습할 만한 이 지나친 '깨끗함'의 실체는 진정 무엇인가?

  시골에서 자연과 조화롭게 단순하게 사는 삶이라는 것은 도시적인 '심플 라이프'와는 정반대의 생활방식으로 사는 것을 의미했다. 상품화된 소비를 줄이고 소박하게 살기 위해 가사노동의 품을 두 배 이상 들여야 했다. 가족이 먹을 상차림과 아이들의 간식은 가능하면 과자나 인스턴트식품 대신 직접 만들어 주었고 온갖 세

제 대신 비누나 생협에서 판매하는 세제를 썼다. 그러나 보니 집들이 선물로 지인들이 들고 온 합성세제들이 골칫거리가 되었다. 처음엔 남아도는 합성세제들을 주변 이웃에게 나누어 주었다. 어차피 쓰는 사람은 쓸 테니까. 그러다 그것이 좋은 일이 아니다 싶어 다락 구석에 처박아 두었다. 누가 보지 않아도, 나 하나 안 쓴다고

물과 공기가 맑아지는 것이 아니라 해도 일상 속의 작은 믿음을 스스로 지켜 내는 일이 중요하다고 생각했다. 무엇보다 내 영혼을 위해서라도.

몇 년간 나는 비교적 이러한 '자연과 조화로운 생활' 방식을 제법 잘 지키며 살았다. 아이가 다니는 학교엔 학교운영위원의 발언권으로 급식실 설거지를 친환경세제로 바꾸게끔 했고 초경을 맞이한 딸아이에겐 직접 만든 면 생리대를 선물하여 초경 파티를 대신했다. 하지만 변화는 그리 쉽게 이루어지지 않았다. 학교 급식실 조리사 아줌마들의 불만으로 다시 원상복귀 되고 말았다. 친환경세제는 일반 합성세제보다 때도 잘 안 지워지고 품도 두세 배로 든다는 것이었다. 그리고 무엇보다 비위생적이라 했다. '뽀드득' 소리 나게 닦여져야 하는 '깔끔함'에 이미 익숙해진 생활습관으로 보자면 여러모로 불만스런 것이었다. 난 인정할 수밖에 없었다. 무엇보다 내가 그들의 노동 강도를 높일 이유가 없었다. 비정규직 박봉인 그들을 위해 임금조건을 높일 만한 권한이나 여지가 있다면 모를까, 더군다나 그들은 나와 같은 처지의 동료 아줌마이자 학부모이기도 했으니…….

어쩌다 도시에 사는 지인들이 하룻밤 묵고 갈라치면 비닐 쓰레기와 종이가 마구 뒤섞여 있기 일쑤였다. 쓰레기를 손으로 뒤져 일일이 분류하다 짜증스러워 그냥 태워 버렸다. 기름기 많은 육류 음식의 설거지를 일일이 종이로 닦아 내고 끓이는 일도 번거로워 합성세제를 쓰기도 했다. 뭐든지 작은 것의 타협에서 큰 원칙은 무너지는 법. 바쁘고 몸이 귀찮을 땐 딸아이 몰래 일회용 생리대를 쓰기도 했다. 내 일이 바빠 시간을 쪼개야 하는 날이 많아지면서 '단순하고 조화로운 삶'이 번거롭게 느껴지기 시작했다. 오래된 몸의 기억과 마음의 관성을 바꾸기란 쉽지 않은 일이었고 그러기 위해서는 전면적인 회두가 필요했다.

사실 나는 시골살이 십 년이 넘도록 한 번도 제대로 농사를 지어 보지 못했다. 또 진짜 농민으로 살기를 꿈꾸지도 않았다. 농사는 아무나 하는 만만한 일이 아니었고 전적으로 농사에 생계를 의지하려 하지도 않았다. 단지 내 몸과 마음의 변화를 기다려 자연과 조화하며 살려는 마음을 놓지 않고 싶었다. 그리고 그것은 내가 의지로 한다기보다 자연이 내게 베푸는 만큼 그렇게 살 수 있는 것이었다.

나는 왜 '단순하고 조화로운 삶'을 살기가 번거로운가? 그것은 내 스스로 내 삶의 태도를 바꾸지 않기 때문임을 잘 알고 있다. 더 본질적으로는 모든 것이 자본의 통제 하에서 상품으로 기능하는 삶의 시스템을 온전히 거부하지 않는 내 의식 탓이라는 것도 나는 잘 알고 있다. 왜냐하면 나는 시골에 살면서 자연과 조화를 이뤄 단순해지는 삶을 추구하지만 한편으로 내가 먹고사는 일인 글과 그림이 상품으로 시장에 내놓아진다는 것을 잘 알기 때문이다. 내가 원하건 원치 않건 간에 나의 예술적 생산물은 상품적 가치를 갖지 않으면 그것을 통해 먹고살 수가 없다. 아무도 소비하지 않는 상품을 만들어 낼 이유가 없기 때문이다.

시골에서 살고 있는 나는 온전히 단순하고 조화로운 삶을 살 수가 없다. 의식의 자유 혹은 자치의 영토를 얻기 위한 작업은 그래서 외롭고 지난해야 한다.

마음이 답답하거나 써야 할 글이나 그림이 떠오르지 않을 때 마당을 서성인다. 집 주변 들판을 걷는다. 들꽃이 예쁘다. 들꽃이 아름다운 이유는 뭇 들풀들과 하나 되어 내세우지 않고 그저 이름 없이 지내다가 누군가 자신의 이름을 불러주었을 때 비로소 한 송이 꽃으로 자신을 수줍게 드러내는 그 지극한 마지못함에 있지 않을까 싶다.

그 아름다움을 얻을라치면 삶의 회로를 멈추거나 방향을 바꾸어야 하는데 난 그럴 만큼 내 욕망에 초탈하지 못하다. 그나마 그 욕망이 생산해 낸 것은 별 볼일 없는 글이나 그림이지만 그 일이 나를 들여다보게 하고 주변을 들여다보게도 한다. 때로 아주 소수의 사람들에게 위로나 공감이 된다면 그나마 행복한 일이다.

내 욕망이 저 지극히 마지못한 꽃송이에 늘 뿌리내릴 수 있다면.

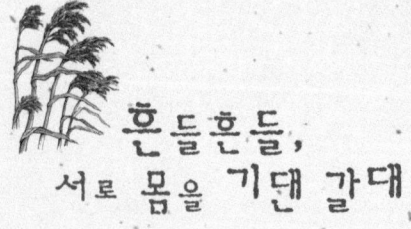
흔들흔들, 서로 몸을 기댄 갈대

　　　　　책상에 앉아 졸았나 보다. 책상머리에 이마를 찧고 퍼뜩 정신을 차렸다. 창밖을 보니 새벽 기운이 신비롭다. 사방이 짙푸르다. 서쪽 하늘 왼편엔 희뿌연 반달이 오른편엔 호박별이 떠 있다. 자려던 마음을 미루고 마당에 나섰다. 찬 겨울 새벽 공기가 좋다. 바람이 제법 분다. 숲 속 소나무와 키 큰 미루나무가 스르르 소리를 낸다. 마당을 천천히 거닐어 보고 뿌옇게 변해 가는 하늘을 몇 번 쳐다본다. 조금 있으면 날이 밝을 것이다. 아이들 아침을 챙겨 학교에 보내려면 조금이라도 자둬야지 했던 마음을 아예 거두고 산책을 나선다.

이렇게 고요할 때면 스스로 마음을 다지곤 했다. 고독해야 한다고, 고독할 줄 알아야 한다고. 자연이 그러하듯 스스로 있을 수 있어야 한다고. 누가 시키거나 강제하지 않아도 자신을 일깨워 때를 놓치지 않아야 한다고. 어김없이 날이 밝고 해가 떠오르고 밤이면 별과 달이 어둠 속에 빛을 비추듯 그렇게 스스로 일할 줄 알아야 한다고. 남이 나를 잊을까 두려워하지 말고 남이 나를 어떻게 생각할까 흔들리지 않고 고독을 용광로 삼아 마음속 연장을 달구고 다듬을 일이라고. 불길이 제 몫의 일을 안 하고 바깥일에 마음 팔려 식었다 타올랐다 하면 쇠를 녹여내지도 연장을 만들지도 못하듯 경박하고 가벼운 마음을 다소곳이 저 깊숙한 곳에 붙들어 놓고 샘물처럼 고이는 고독을 친구 삼아 그 고독에 몸을 적시고 마음을 모을 일이라고.

세상의 변방인 시골로 이사 온 지 어느덧 10여 년. 40대 중반의 아줌마가 아이 키우고 집안 살림하고 시골 살림살이 하면서 창작으로 나의 정체성을 잃지 않으려면 나를 곤추세우지 않으면 안 된다고. 남 보기엔 한가로운 시골살이로 보였을지라도 나는 나의 시간을 갖기 위해 늘 일상의 잡다함과 보이지 않는 시간 다툼을 벌여야 했다. 산책은 그런 나에게 일상에 대한 성찰과 위로와 충만을 주는 시간이었다.

수년 전에 친하게 지낸 사람과 어떤 일로 틀어지게 되었다. 서운한 마음에 나는 완고해졌고 그쪽에서도 뻣뻣하게 나오자 미움의 불씨가 자라기 시작했다. 한번 마음이 틀어지자 그 사람이 하는 일은 다 뒤틀린 심사로 보게 되었다. 그가 도모하는 일이 사사로운 욕심을 그럴듯한 명분으로 포장하여 주제넘게 나서는 일로 여겨지기도 했고 자기를 드러내고자 하는 명예욕 그 이상이 아니라고 폄하했다. 친하게 지냈던 사람이었기에 내 완고함에 나는 스스로 힘들어했다. 그해가 저물어 갈 무렵 이대로 새해를 맞을 수는 없다고 생각했다. 나 자신을 위해서라도 용서하고 화해하리라 마음먹었다. 사실 용서할 일은 없었음에도 나는 그렇게 생각하고 있었다. 새해 벽두에 화해하는 마음을 담아 그림이 담긴 편지를 보내 놓고 한동안

은 마음이 편했다. 하지만 차츰 미움의 불씨가 다시 살아나는 것이었다. 그래, 차라리 보지 말고 지내자 싶어 인연을 끊다시피 하고 지냈다. 하지만 사람의 관계란 내가 끊는다고 끊어지는 것이 아니었다. 어떤 식으로건 연관되고 마주치게 되는 것이었다. 그 사람과 만남의 연을 피하다 보니 그 사람과 나와 공통으로 연관된 사람들과도 소원해지는 듯했다. 미움의 씨앗은 그대로 두면 불길처럼 번진다는 것을 그때 알았다. 그렇게 짧지 않은 시간들을 보냈다. 소닭 보듯 스쳐 지낸다 해도 표면상으론 아무런 문제가 없었다. 하지만 마음속 어느 한 구석엔 늘 묵직한 돌덩어리가 있는 것처럼 무거웠다.

　어느 초겨울 날, 여느 때처럼 벌판을 산책하고 있었다. 일직선으로 뻗은 냇가엔 갈대숲이 아득하게 이어져 있었다. 갈대는 바람에 이리저리 흔들리다 때로 저희들끼리 얼굴을 부비다 밀어냈다 하였다.

　마음이란 것이 속절없이 흔들리는 갈대와 같은 거지. 그걸 왜 나이 들어서야 알았을까. 철학이나 이념이 같은 사람들과 늘 견결할 수 있고 한결같은 관계를 유지할 수 있을 거라고 믿었던 시절이 있었지. 그런데 살다 보니 사람의 마음이란 흐르는 물 같은 것이었어. 관계에 대해 실망하고 상처받고 미움의 씨가 싹트기도 하고 그러다 가 보면 관계에 대한 허무감, 식상함에 회피하는 마음이 들기도 하

는 것이었어. 하지만 내 마음에 대해 배반하고 사기 치며 뻔뻔스럽게 구는 것은 다른 사람이 아닌 나 자신이었어. 그것도 한두 번도 아니고 여러 번. 심지어 천연덕스럽게 변명까지 늘어놓기 일쑤라니! 마음은 변덕스럽고 한결같지 않은 물건이야. 내 마음도 믿을 게 못 돼. 그런 생각들을 하며 걷고 있었다.

그때 문득 그 사람이 생각났다. 미움의 불씨가 생기기 전에 사이좋게 지냈던 시절의 모습이 떠올랐고 그 사람의 좋은 모습들이 되살아났다. 내가 그 사람의 무엇을 그리도 미워했었나를 생각해 보았다. 따져보니 내가 미워한 것은 내 속의 미천한 욕망들이었다. 마음 밑바닥에 가라앉았다가 마음을 다스리지 않으면 일정한 때에 표면에 떠오르곤 하는 것들이었다. 이런! 내가 진정 미워한 것은 그 사람이 아니라 내 마음속 속된 것들이었다. 그 사람은 나의 반영이요 나 또한 그의 반영이었다. 단지 그 사람 또한 나처럼 결함과 장점을 동시에 가진 또 다른 나일 뿐이었다. 무엇보다 나 자신을 먼저 연민하지 않으면 안 되었다. 눈물이 났다. 거짓말처럼 마음속 어둠의 장막이 거치고 한순간에 미움의 늪이 사라지는 것을 느꼈다. 그것은 마치 커다란 나무숲에 가려져 햇볕 들 날 없었던, 그늘지고 축축하여 이끼만 자라던 구석 자리에 비추는 햇볕과도 같은 것이었다. 그곳엔 이제 이끼 대신 풀과 나무가 자랄 것이었다. 그것은 일종의 은

총이었다. 오랫동안 내 속에 있던 돌덩이가 모래알처럼 흩어지고 내 존재가 날아갈 듯 가벼워짐을 느꼈다.

  그 이후 나는 그 사람에게 한 점 미움의 찌꺼기 없이 대할 수 있었고 진실한 눈빛을 담아 마주볼 수 있게 되었다. 그와 나 사이에 다시 소통의 강물이 흐르는 것을 느꼈다.

  갈대가 바람에 흔들리며 부스스 메마른 소리를 낸다. 나도 저 소리를 안다. 내 마음속이 메마르고 힘들 때 내 안에서 나던 소리였다. 갈대가 저희들끼리 몸을 부빈다. 혼자 뭘 잘해 보겠다고 오만 떨지 마라. 피차 불쌍히 여기고 기대며 살아라.

  마른 갈대가 흔들흔들, 서로 몸을 기대며 그렇게 얘기하고 있었다.

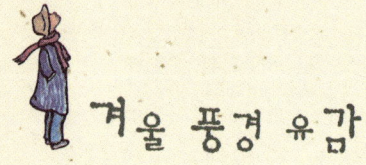# 겨울 풍경 유감

집 앞을 나서면 멍석을 이어붙인 듯 반듯하게 펼쳐진 논들이 있다. 추수가 이미 끝나 버린 논은 고된 노동의 흔적을 덮은 채 낮게 누워 있다. 이 벌판의 논들은 대부분이 우리 부락 사람들이 농사지은 논이다. 추수 전, 이 벌판을 걸을 때만 해도 논들은 저마다 생긴 모양이 다 달랐다. 아직 채 여물지 않아 벼가 하늘을 향해 빳빳이 솟아 있는 논도 있고, 때맞게 잘 자라 고개를 숙인 논도 있고, 제 무게를 감당하지 못해 쓰러져 움푹움푹 패인 논도 있었다. 심하게 벼가 쓰러진 논은 길원네 논이었다. 딸아이 같은 반 친구인 길원이네 엄마 아빠는 목 디스크, 허리 디스크를 달고 산다.

몸이 고달프니 화학비료를 써서 일손 덜고 가마니 수를 늘리려려 했을 것이다. 그런데 벼가 논바닥에 누워 버렸으니 낫으로 일일이 베어야 할 판이었다. 내가 지나가다 "아이쿠, 벼가 다 쓰러져서 어떡해요?" 했더니 "늦은 비만 안 왔어도 괜찮았는데, 골병들게 생겼시다" 했다.

겨울이 왔다. 겨울의 벌판은 생기가 없어 보인다. 사방 어느 곳 둘러보아도 빛바랜 누런 색조, 콤바인으로 밀어 반듯하게 정렬된 벼 밑동, 물 빠진 가을 하늘 같은 청 회색빛 하늘, 살아 있는 것의 움직임이라곤 매몰찬 바람뿐이다.

이십대 초반, 낭만과 객기를 무기삼아 사뭇 비장하게 화구를 챙겨 들고 낯선 시골에서 홀로 겨울을 보낸 적이 있었다. 노인 내외만 사는 시골집 안채를 빌려 지내던 내게 농촌의 겨울 풍경은 권태로움이었다. 햇살이 따스한 날, 며칠 들판에 나가 마른 회갈색 겨울나무들을 뚫어져라 바라보다 그림을 그렸다. 눈에 보이는 것 뒤에 숨겨진 무언가를 느끼고 보고 싶었다. 그러나 나는 뭘 보았다기보다 어느 누군가의 그림을 흉내 내고 있었다. 모든 것이 허튼 장난질인 것만 같아 나중엔 아예 방 안에 틀어박혀 책만 읽으며 지냈다. '홀로'의 시간에 얻은 것은 별로 없었다. 몹시 춥고 배고팠던 기억밖엔.

하긴 그 한창 젊은 시절에 겨울날 시골의 풍경에서 무엇을 볼 수 있었겠는가? 득도의 꿈을 안고 '출가' 했다가 아무것도 얻은 것 없이 그냥 '귀가' 한 꼴이었다. 돌이켜 보면 다 벙긋 웃음 나는 추억이었지만 그때 그 겨울날 시골 풍경의 권태로운 인상은 그 후로도 오래 이어졌다.

서른 중반에 시골로 내려가 내 집을 짓고 살기까지도 시골 풍경은 여전히 '권태지감' 이었다. 덧붙여 기름 값 걱정까지. 새마을운동을 거쳐 오로지 개발이 곧 잘사는 것이라는 환상이 지배한 이후 어느덧 시골의 난방 연료는 죄다 기름보일러로 바뀌었다. 그때만 해도 기름 값이 이리도 천정부지로 오를 줄 몰랐었을 터였다. 결과적으로, 가난한 시골 사람들이 가장 비싼 난방 연료를 소비하게 되었고 노인들은 기름 값 아끼려고 전기장판으로 추운 겨울을 나는 탓에 몸만 축이 났다. 여전히 시골의 겨울은 춥고 권태로웠다.

시골살이 몇 년 지나 집 앞에 논농사도 지어 보고 이웃 농민들 시름어린 삶도 들여다보고 텃밭 일궈 내 손으로 채소도 키워 먹어 본 어느 해 겨울, 나는 옷을 두툼히 껴입고 겨울 벌판을 거닐었다. 겨울 벌판은 자라는 작물이 없으니 이 논에서 저 밭으로 거칠 것 없어 좋았다. 야트막한 뒷산의 낙엽 밟는 소리를 들으며 지난봄 따먹었던 두릅 순이 떠올랐고, 마른 볏짚 깔린 논 위를 걸을 땐 푹신한 감촉을 느끼며 추수 때 정겨웠던 이웃들이 생각났다. 눈 온 뒤 사박거리는 첫 발자국의 느낌은 김장독 위 소복이 쌓인 눈을 걷어 내 첫 김장김치를 꺼내 먹을 때의 설렘을 되살아나게 했다. 냇가 갈댓잎이 바람에 부스럭거릴 땐 나도 함께 몸을 떨며 알지 못할 감동을 느끼기도 했다. 새롭게 다가오는 겨울의 촉감들. 권태감이 저만치 물러서고 있었다.

문득, 눈앞에 펼쳐진 벌판 저 너머에 까맣게 내려앉은 겨울 철새 떼가 보였다. 좀 더 가까이 다가가니 갑자기 저희끼리 끼룩거리며 부산해지더니 후두두둑 날아올랐다. 하늘을 까맣게 뒤덮을 듯 날아오르는 모습이 가히 장관이었다. 새들은 저만큼 떨어진 곳 벌판에 다시 내려앉는다. 새들의 비상이 멋있어 나는 다시 다가갔다. 황망히 날아오르는 새떼들. 한참을 배회하다 다시 내려앉는다. 나는 아예 후다닥 달려간다. 요동치며 날아오르는 새떼들…….

새들이 위험을 느껴 갑자기 날아오를 때 엄청난 에너지가 소모된다는 것은 나중에야 알았다. 아마도 시베리아나 바이칼 호, 만주 벌판 어딘가에서부터 고된 역경과 모험을 겪으며 날아왔을 철새들. 낮에는 태양을 밤엔 별자리를 더듬어 먼 길을 찾아왔을 그 고된 생존의 비행을 난 단지 멋진 '풍경'으로만 보고 즐겼던 것이다. 내게 아름다운 '풍경'이 새들에겐 '고난'이었던 것이다.

내게 이제 시골의 겨울 풍경은 더 이상 권태롭지 않다. 그렇다고 아름답지만은 않다. 하지만 여전히 누군가를 흉내 내며 다른 사람의 시선으로 보고 있지는 않은지. 한미 자유무역협정이다 뭐다 해서 그렇잖아도 추운 이 겨울날, 시름 깊은 내 이웃 농민들과 나는 진정 같은 시선으로 세상을 바라보고 있는지. 함께 시름겨워 하는지……

내 발소리에 놀라 날아오른 새들은 나를 어떻게 바라보고 있었을까?

'우리는 바이칼 호수 위를 날며 태곳적 신화를 상상하며 영혼의 힘을 키워 왔느니라. 드넓은 만주 벌판을 굽어보며 네 땅 유목의 역사를 지켜보았느니라. 한 뼘도 날지 못하는 주제에……. 아서라, 그저 낮게 살아라.'

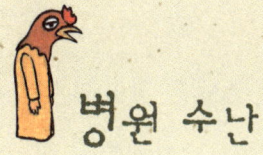# 병원 수난

삼계탕

첫아이를 친정집 가까운 병원에서 출산하고 친정엄마의 보살핌을 받을 때였다. 아기를 낳은 후 봉합 수술한 환부가 점점 아파 왔다. 원래 그런 거려니 하고 참았는데 나중엔 더 이상 걸을 수 없을 정도로 아픈 것이었다. 병원에선 염증이 심해 봉합한 것도 터졌으니 염증이 가라앉은 후에 재수술을 해야 한다고 했다. 어떻게 이렇게 되도록 참았냐고 했다. 몸을 따뜻하게 조리해야 할 시기에 하루에 서너 번씩 '지노베타딘'을 탄 소독액에 엉덩이를 담그고 있어야 했다. 미지근한 소독액은 금세 식어 버렸고 병원 공기는 차가웠다. 가끔 의사가 내진하는 것 외에 한 달이 다 되어 가도록 병원에선 소독만 할 뿐이었다. 남자 의사가 내진을 할 때마다 나는 치욕스러웠다. 어느 날, 아마도 레지던트 과정인 듯한 젊은 남자 의사 서너 명이 내 벌린 가랑이를 보고 헤죽헤죽 웃었다.

"너, 저런 거 봤냐?"

"아니, 처음 봐."

"킥킥."

그들은 허연 뱃가죽을 드러내고 사지를 핀에 꽂힌 채 널브러진 표본실 청개구리 보듯 나를 보았다. 나는 내 꼴이 아마도 배를 갈라놓은 삼계탕용 닭 같을 거라고 생각했다. 나는 두려움과 수치 그리고 무엇보다 체력이 너무 떨어져 있었기 때문에 그들이 키득거리는 것에 대해 아무런 항의도 할 수 없었다. 더군다나 난 가랑이를 벌리고 있었던 것이다. 아마도 그들의 저녁 술자리 안주감에 내가 낄 수도 있겠다고 생각했다.

산후조리를 하고 있어야 할 산모가 병원에 한 달 가까이 누워 있다는 소식을 들은 큰오빠가 달려왔다. 큰오빠는 기진한 내 모습을 보곤 뚜껑이 열린 듯했다.

"당신들 의사 맞아? 의사가 어떻게 환자를 저 지경이 되도록 방치해. 나쁜 놈들."

　오빠는 곧바로 국내에서 산부인과 의사로 실력을 인정받는다는 강남의 모 병원으로 나를 데려갔다. 연예인들이 단골 고객으로 많이 이용한다는 병원이었다. 내 몸을 스스로 어쩌지 못하는 무력감에 두려운 와중에도 내 초라한 몰골이 창피했다. 나이 지긋한 노련한 의사는 곧바로 수술에 들어갔다.

　"마취 없이 수술해야 하는데 참을 수 있겠어요? 잠깐이면 돼요."

　"네."

　염증 난 부분의 표피를 제거하고 다시 꿰매는 수술이라 했다. 잠

시 후, 표피를 제거하는 소리가 들렸다. 파랗게 날이 선 수술집도용 칼이 눈에 선했다. 아팠다. 하지만 생살의 아픔도 치욕을 이기지 못했다. 나는 이 끔찍한 산부인과를 속히 벗어나기 위해 이를 악물고 참았다. 수술을 마친 후 의사는 며칠 있다가 퇴원하면 된다고 했다. 이렇게 빨리 끝낼 수 있는 것을. 의사 선생이 고마웠다. 실력이 있는 건 좋은 일이다. 하지만 그런 의사를 만나려면 돈이 많이 든다. 돈이 실력을 키우는지도 모른다. 병원 로비에는 정말 예쁘고 늘씬한 탤런트들이 오갔다. 하지만 산부인과에선 누구나 옷을 벗고 다리를 벌려야 한다.

　나는 닭요리를 하되 삼계탕은 잘 끓이지 않는다. 남이 해주면 내색 않고 먹지만 내가 직접 요리하긴 달갑지 않다. 날것의 몸통을 통으로 보고 만지는 요리의 과정이 그때의 온갖 감정과 이미지를 불러일으키기 때문이다.

　언젠가 아줌마들끼리의 모임에서 출산과 관련된 에피소드들을 이야기하는 중에 이 '삼계탕' 얘기를 한 적이 있었다.

　"그래서 그 후론 닭고기를 아예 안 먹겠네요?" 누군가 물었다.

　"아니요. 잘게 토막 낸 건 먹죠."

목에 걸린 가시

  산후 진통까지 치르면서 키운 첫아이는 건강하게 잘 자라 주었다. 첫아이인데다 그때까지만 해도 둘째를 볼 생각이 없었던 초보 엄마인 나는 아이 걱정에 늘 노심초사했다. 아마도 아이가 세 살 무렵이었을 것이다. 생선 가시를 발라 밥숟가락 위에 얹어 주며 밥을 먹이고 있었다. 오물거리며 잘 씹어 먹던 아이가 갑자기 목이 아프다고 했다. 가시가 박힌 듯했다. 밥을 한 술 먹이곤 씹지 말고 꿀꺽 삼키라고 했다. 어쩌다 목에 가시가 걸릴 때마다 어릴 때부터 엄마가 내게 써왔던 방법이었다. 내가 일일이 가시를 발라서 주었으니 그리 큰 가시는 아닐 것이라 생각했다. 큰 가시가 아닌 다음에야 대부분은 밥에 쓸려 넘어가곤 했으니까. 두 번을 더 먹였는데도 아이는 아프다고 했다. 밥덩이를 좀 더 크게 해서 삼켜야 하는데 아이는 많은 양의 밥을 꿀꺽 삼키지 못했다. 옛날 우리 부모님들이라면 눈물이 그렁그렁해지도록 큰 밥덩이일지라도 꿀꺽 삼키라고 했었을 것이다. 마음이 약해진 나는 아이를 데리고 근처 병원을 찾았다. 일요일이라 소아과는 모두 문을 닫고, 내과와 외과 심지어 산부인과까지 의사 혼자서 다 진료한다는 ○○의원만이 문을 열고 있었다. 의사는 의료용 손전등으로 목구멍을 비추더니 핀셋으로 가시를 빼냈다. 저런 손전등이 집에 하나 있었더라면 나라도 가시를 뺐을 텐데 싶었다. 좁은 병원 대기실에는 일요일인데도 환자가 적지 않았다. 진료비를 계산하려는데 기본 진료비 외에 수술비 명목이 추가돼 있었다.

"아니, 무슨 수술비예요?" 내가 물었다.

가시를 뺀 게 수술이라는 것이었다. 나는 순간 열이 확 받쳐 올랐다. 내가 수술비를 낼 수 없다고 하자 간호사가 의사를 불러왔다. 의사는 그것도 수술이라고 했다.

"아니, 의사 선생님. 모르는 이웃이라도 아이가 생선 먹다 목에 걸려 울면 안쓰러운 마음에 가시를 빼줄 것입니다. 근데 그깟 가시를 뺀 것이 수술이라니 너무하시지 않습니까?"

"그까짓 거라니. 가시를 빼다 아이가 다칠 수도 있는 거고……. 어쨌든 수술은 수술이요."

의사가 말했다.

진료비 때문만은 아니었다. 나는 의사와 한판 붙어야겠다고 생각했다.

"난 수술비 못 내요. 내가 의사라면 이 정도는 공짜로 해주겠소. 당신이 의사요? 슈퍼마켓 주인이지."

순간 불룩한 배에 커다란 체구를 가진 의사의 살찐 얼굴이 마치

수면이 차오르듯 차츰 벌겋게 달아오르더니 오른손을 들어 나를 향해 집게손가락을 겨누고 소리를 지르는 것이었다.

"너, 나가!"

병원이 떠나갈 듯 크고 긴 소리였다. 아이와 대기하고 있던 환자들이 모두 놀라 입을 벌린 채 나와 의사를 바라보았다. 나는 속으로 의사가 고혈압이라도 있으면 어쩌나 걱정이 되기도 했다.

그런데 그 순간 정말 웃기는 코미디 같은 상황이 벌어졌다.

"그래도 약값은 내고 나가."

의사는 환자들을 의식했는지 한 풀 꺾인 목소리로 내던지듯 말하고는 진료실로 들어가는 것이었다. 기막힌 긴장의 반전, 마치 멋진 코미디를 연기하고 무대 뒤로 퇴장하는 배우처럼.

최후의 체면은 지키셔야지, 약값은 내고 가라니. 감히 나이도 한참 많은 의사에 도전한 별 볼일 없는 여편네에게 고작 그렇게 '쪼잔한' 모습을 보이시다니. 손상된 권위와 자존심 때문에라도 약값이고 뭐고 간에 나를 내쫓았더라면 내가 너무 심했나 하고 자책이라도 했을 것인데…….

나는 약값을 계산한 후 간호사에게 약 성분이 뭐냐고 물었다. 소염제란다. 나는 염증이 날 리 없을 거라고 약은 받지 않겠노라며 병원을 나왔다. 아이는 염증 없이 잘 지냈다.

턱 교정

　초등학교에 입학한 아이가 학교에서 건강종합검진 소견서라며 종이 한 장을 내밀었다. 치과 치료 요망—부정합 교정. 아는 사람 소개로 인천에 있는 치과를 찾아갔다. 아래턱이 위턱보다 발달한 부정합이니 교정 치료를 해야 한단다. 심해지면 소위 주걱턱이 된다는 것이었다. 외모의 문제 이전에 관절이 어긋나면 성장하면서 몸 전체의 관절에 영향을 줄 수 있다는 것이었다. 이유 없이 어깨 통증이 오거나 사춘기 예민한 시절엔 외모 자체가 주는 스트레스도 문제가 될 수 있을 거라 했다. 치료법은 교정기를 잇몸에 착용하고 가능하면 교정기를 끼고 있는 시간이 많을수록 교정효과를 빨리 볼 거라고 의사는 말했다. 자상하진 않지만 사람을 존중하는 인품이 느껴지는 분이었다. 진료비도 가능하면 싸게 받으려고 했다. 강화에서 인천까지 한 주에 한 번 내지 두 주에 한 번씩 치료를 받으러 다녔다. 초등학교 저학년 아이가 밥 먹고 잠자는 시간 외에 꼬박꼬박 잊지 않고 교정기를 끼기란 쉽지 않은 일이었다. 아이에겐 늘 어울려 노는 단짝 친구가 있었다. 학교가 끝나면 아이는 늘 친구 집에서 늦도록 함께 놀다 왔다. 놀다 보면 간식도 먹고, 먹고 나면 교정기 끼는 걸 깜빡하곤 했다. 그렇다고 교정기를 때문에 아이를 늘 집에 잡아 둘 수는 없는 노릇이었다. 아이에게 교정기를 잊지 말고 잘 끼라는 말을 매일 앵무새처럼 반복했다. 나이가 어려서인지 교정효과가 빠르다며 의사는 아이를 격려했다. 그런데 얼마 후 의사 선생님이 치과를 정리한다는 것이었다. 의사라는 직업 외에 평소 농사에 관심이 많던 선생은 아랫녘 농촌 마을로 내려가 농사를 지으면서 치과를 운영할 거라고 했다. 마침 이 동네에 새로 개원하는 치과가 있으니 그쪽에서 계속 치료를 받으면 좋을 거라 했다. 외국에서 오랫동안 공부하고 진료 성과가 많아 교정치료에 자신보다 실력 있는 선생님이라고 했다. 그분이 치료를 하겠다고 판단한 환자는 99퍼센트 성공할 것이라는 말도 덧붙였다. 새로 개원한 병원은 새로 지은 고층 복합 건물에 위치해 있었다. 병원은 호텔 로비처럼 깨끗하고 고급스러웠다. 인테리어는 세련되었으며 환자를 위해 다양한 음료가 늘 준비되어 있고 소파는 고급스러웠다. 익히 좋은 이미지로 소개받은 터라 신뢰감과 치료에 대한 기대감에 한껏 부풀었다. 의사 선생님은 환자를 대하는 폼이 인테리어처럼 세련되고 품위가 있어 보였다. 이곳은 저번의 치과와는 달랐다. 먼저 치료비 약정액을 사백만 원 내야 한다고 했다. 큰돈이었다. 하지만 '치료하겠다고 판단한 환자는 99퍼센트 성공한다' 는 말이 떠올라 일단 카드를 긁어 치료비를 냈다. 아이가 초등학교를 졸업하기까지 강화에서 인천까지 줄기차게 다녔다. 교정 치료기간이 너무 긴 것 아니냐며 다른 데도 알아보라는 남의 말 따위는 귀에 들어오지 않았다. 교정기 때문에 아이에게 잔소리를 하거나 야단을 치는 일이 점점 많아졌다. 아이에게 미안했지만 갈수록 귀찮아하는 아이를 다그쳐서라도 교정을 성공하는 게 더 중요했다. 아이가 중학교에 입학해 초경을 시작하자 의사는 더 이상 교정을 진행할 수 없다고 했다. 성장이 멈추는 만 18세에 다시 오라는 것이었다. 그럼 어떻게 되는 거냐고 물었다. 교정기를 안 끼면 다시 퇴행을 할 텐데 나중에 처음부터 다시 시작해야 하는 거 아니냐고 걱정스럽게 물었다. 의사는 그때 가서 교정이 가능한지 안 한지는 판단해야 한다고, 하지만 아이의 교정 진행 속도로 볼 때 아마도 수술할 가능성이 많다고 했다. 어떤 수술이냐고 물으니 턱관절을 잘라내는 수술이라는 것이었다. 나는 차츰 화가 나기 시작했다. 수술비가 얼마 드느냐고 물으니 천만 원가량 든다고 했다. 뛰는 맥박을 누르고 정중하게 물었다.

"저는 선생님이 교정을 하려고 판단한 환자는 99퍼센트 성공한다는 말을 들었습니다. 그래서 5년간이나 교정 치료를 받아오지 않았습니까? 그런데 결국 수술밖에 방법이 없다니요? 수술은 돈도 돈이지만 시키고 싶지 않습니다."

흥분한 가슴을 애써 누르며 내가 말했다.

"웬만하면 대부분은 교정치료가 됩니다. 아이가 교정기를 제대로 안 꼈던 것 같습니다."

의사가 천연덕스럽게 말했다. 그리곤 이렇게 덧붙였다.

"그래도 그나마 그동안 교정을 했기 때문에 5밀리 잘라내야 하는 걸 4밀리 잘라내는 효과는 있습니다. 단 1밀리 차이라도 워낙 섬세한 부분이라 수술비가 많이 차이 납니다. 그 정도라도 얼맙니까?"

그의 품위가 한낱 껍데기에 지나지 않았다는 것을, 그 역시 자신의 경력과 지식을 팔아 환자를 돈벌이 그 이상으로는 볼 줄 모르는 사람이었음을 그의 말과 태도에서 여실히 느낄 수 있었다. 병원의 세련된 인테리어와 고급스런 시설들, 친절한 서비스는 이미 비싼 진료비 속에 정산돼 있었음을 비로소 깨달았다. 나는 산부인과에 온 것도 아닌데 또 다시 삼계탕이 된 기분이었다. 마음 같아선 멱살을 쥐고 들었다 놓고 싶었지만, 그냥 나왔다. 아이 손을 잡고 나오면서 나는 '신발의 흙을 털고' 뒤도 돌아보지 않고 나왔다. 차라리 교정을 시작하지 않았다면 아이에게 잔소리도, 아이를 숱하게 야단칠 일도, 그 많은 시간을 자동차 기름을 소비하고 공기를 더럽히면서 다닐 일도 없었을 텐데. 분하고 아이에게 미안한 마음에 눈물이 찔끔 났다.

세상은 갈수록 일이 수단이 되고 돈이 목적이 되는 쪽으로 흘러가고 있다. 왜 대부분의 의사들은 권위적이고 오만한가? 자신이 서민 계층이라고 생각하는 사람들 대부분은 치료를 받으러 간 병원에서 심리적으로 의사의 눈치를 봐야하는 경험을 숱하게 했을 것이다. 의료서비스 개념이 도입되고 의사의 공급 과잉에서 오는 살아남기 경쟁으로 좀 나아진 듯 보이지만 환자를 진정으로 존중하는 의사는 찾아보기 힘들다. 어쩌다 그런 의사를 만나면 본래는 당연한 일인데도 눈물 나게 반갑고 존경스러운 것이다.

나는 간혹 참으로 고단하고 뭐 벌이가 될까 싶은 상인들 중에서 한결같이 손님을 '사람'으로 대하는 사람을 볼 때 고개가 숙여진다. 그가 아무리 별 볼일 없어 보이는 일을 한다 하더라도 그의 그릇은 커 보인다. 농민 중에도 그런 사람이 있다. 한결같이 자식 돌보듯 논밭을 돌보고 아랫사람이라고 함부로 말을 놓지 않고 목숨 가진 것들을 귀히 여기는 '무지렁이' 큰 사람들이 있다. 그럴 때 그들은 세상의 '별 볼일 없는' 일이나 사람이라는 가치척도를 훌쩍 뛰어넘고 마는 것이다. 어떤 일, 어떤 지위에 있는 것이 중요한 것이 아니라 어떤 마음가짐으로 대하고 하느냐가 중요하다. 이것이 진실임은 매일 접하는 텔레비전 뉴스나 신문지상에서 늘 확인할 수 있다. 고위 정치권력을 가진 사람이라고 다 같은 사람이 아니며 술 먹고 싸우는 시정잡배만도 못한 사람들도 있다. 대학교수도 교수

나름이고 돈 많은 사업가도 각양각색이다. 조폭처럼 회사를 운영하고 사람 관계를 풀어가는 사람도 있고 합리적 도의성과 사회적 책무를 다하기 위해 노력하는 사업가도 있다. 의술은 인술임을 늘 마음 밭에 심어 놓고 환자를 대하려는 의사가 있고 환자를 그저 돈으로 환산되는 가치로만 보는 의사도 있다. 양심의 소리에 귀먹지 않은 사람들이 있음에도 세상에 소위 잘 났다는 사람들이 하나같이 거만하고 인간으로서의 품위를 잃어버린 듯 보이는 이유는 그 수가 지극히 적고 그런 사람은 눈에 잘 안 띄기 때문이다. 따지고 보면, 이러한 것은 그들 개별의 탓만은 아니다. 사회구성원 대다수가 암묵적 동조 하에 만들어 낸 결과다. 특히 학벌과 파벌로 부와 권력의 그물망을 형성하고 계속 유지하려는 소수 세력과, 학벌과 파벌이 그 그물망을 형성하는 그물코임을 너무나 잘 알면서도 기를 쓰고 그 대열에 끼고 싶어 하는 대다수 우리들의 이율배반의 마음 때문이다.

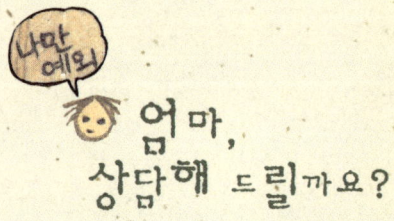

엄마, 상담해 드릴까요?

아침 등굣길에 아이가 말했다.

"엄마, 사람들은 벌레나 곤충보다 바보야."

"왜?"

"어, 곤충들은 알도 스스로 깨고 태어날 때부터 혼자 살아가잖아. 근데 사람들은 아주 많이 클 때까지 돌봐 줘야 하잖아."

초등학교 4학년인 사내아이는 곤충을 무척 좋아한다. 사슴벌레나 장수풍뎅이 유충을 키우며 관찰하고 곤충이 등장하는 그림을 곧잘 그리기도 했다.

"그래 맞아. 우리 철준이 참 똑똑하구나. 그러니까 곤충이나 다른 생명체보다 사람이 힘세고 잘났다고 까불면 안 돼. 잠자리나 사마귀는 사람보다 훨씬 뛰어난 시각을 갖고 있고 개나 쥐는 사람이 듣지 못하는 소리도 듣잖아. 사람이 만물의 영장이라고는 하지만 모든 능력이 다 뛰어난 건 아냐."

"맞아."

"철준이 빨리 어른이 되고 싶지?"

"응."

"어른이 되려면 철준이가 본 곤충처럼 스스로 알을 깨고 나올 줄 알아야 돼. 자기 앞가림도 스스로 판단해서 해야 한단 말이지."

"어 그렇구나."

"걱정하지 마. 철준이는 지금 잘하고 있으니까. 너는 신나게 뛰어 놀고 학교에서 친구랑 사이좋게 지내고 학교 공부 재밌어 하잖아. 그렇게 하면 돼."

"응! 다녀올게."

학교로 이어지는 찻길에 다다른 아이가 냅다 뛰어간다.

"차 조심해."

일어나자마자 부엌으로 가서 밥상을 챙기는 부산한 아침. 혼자만의 산책으로 하루를 시작하는 대신 아이들 학교 가는 길을 배웅하고 돌아오면 기분이 좋다. 아이와 함께 종알거리는 것도 행복한 일

이다. 학교 길 배웅은 아이가 원해서가 아니라 내가 더 원하는 일이었다.

그러나 나는 아이와 함께하는 행복감이 초등학교 때로 그 유통기한을 다하는 줄 몰랐다. 딸아이가 초경을 하고 둘째 아이가 변성기를 맞이한 즈음, 나의 말은 점차 길어지고 아이들의 대답은 짧아지기 시작했다. 딸아이가 중학교 2학년쯤 되자 나는 차츰 잔소리하는 엄마 대열에 들게 되었다.

"방 좀 치워라. 왜 옷걸이 놔두고 옷을 방바닥에 진열해 놓니? 책도 보면 좀 그때그때 책꽂이에 꽂아 놓고 말이야. 네 방 들어가려면 징검다리처럼 건너다녀야 하잖니? 이제 좀 치우지."

"방바닥에 껌 붙여 놨냐? 방에서 좀 나와서 산책도 하고 방 대청소도 좀 하고 그래라."

휴일 날 방에 콕 틀어박혀 있는 아이가 보기 답답하여 잔소리를 하는 나. 처음엔 내가 왈왈대도 꼬박꼬박 대답을 해주던 아이가 나중엔 귀찮아했다.

"알아서 할게요. 방문 좀 닫아주세요."

딸아이에게 정중하게 쫓겨난 나는 실연당한 사람처럼 문밖에 서 있게 되는 것이었다.

"누군 왕년에 사춘기 안 겪었나, 내참 더럽고 치사해서. 이젠 내가 지네들 눈치를 보고 살아야 되니, 원 참" 하며 혼자 속으로 옛사랑의 추억을 되새김질할 밖에…….

따지고 보면 아이가 잔소리로 느끼는 것은 내가 원하는 대로 아이가 따라 주지 않는 몇 가지가 늘 반복되는 말들이었다. 같은 소리를 반복해서 들으니 듣기 싫을 것은 당연했다. 중학생이 되고부터는 아이의 방청소는 스스로 알아서 해라 했다. 아이가 자발성이 생기기까지 기다리거나 적절히 도와주기보다 말이 앞서니 잔소리로 느끼는 것이 당연하다 싶기도 했다. 그래, 때가 되면 알아서 하겠지. 아이에 대해 마음이 조급해질 때마다 나는 첫아이를 낳은 직후 내가 벌였던 웃지 못할 해프닝을 떠올렸고 그 기억은 아이에 대한 나의 조급증에 제동장치가 되어 주곤 했다.

첫아이가 백일이 채 못 되어서의 일이었다. 여느 때처럼 아이를 목욕시킨 후 옷을 입혀 눕히곤 팔다리를 주물러 주었다. 목욕한 후의 개운함과 팔다리를 주물러 주는 '쭉쭉이'를 아이는 좋아했다.

"쭉-쭉- 잘 자라라. 아이구 예뻐, 우리 아기."

아이는 까르르 깔깔 웃어댔다. 그런데 무릎을 주무르던 나는 깜짝 놀랐다. 아이의 다리 길이가 한쪽이 더 길어 보이는 것이 아닌가! 나는 아이 무릎을 지그시 눌러 길이를 재어 보았다. 그냥 보면 얼른 눈에 안 띄지만 0.5센티 내지 1센티는 족히 되는 차이였다. 나는 떨리는 손으로 몇 번이고 아이의 다리를 재어 보았다. 마찬가지였다. 머릿속이 텅 비고 마음이 먹물을 뒤집어쓴 듯했다.

'아, 이 일을 어쩌나. 우리 아기가 장애아라니!'

아이를 가진 엄마들이 출산에 임박해서 느끼는 가장 큰 공포감은 내 아이가 혹시 장애를 가졌으면 어쩌나 하는 것이다. 임신 중의 스트레스나 환경 공해 등 여러 요인으로 장애아를 출산하는 확률이 높아졌다는 통계 때문에 더더욱 걱정했다. 출산 직후엔 눈에 띄지 않는 장애가 아이가 성장하면서 뒤늦게 발견된다는 신문 기사도 있었다.

'어떡해. 우리 아기 불쌍해서 어떡해.'

가슴속이 바위를 삼킨 듯했다. 지금은 아이가 어려서 차이가 그리 크지 않지만 커 가면서 1센티가 2센티, 5센티가 되고 다리를 절며 평생을 살아갈 아이의 모습이 환영처럼 머릿속을 꽉 채웠다. 나는 내가 임신 기간에 잘못 먹은 건 없었는지, 어떤 것이 아이의 장애를 초래했는지 혼돈스럽게 되짚어 보았다.

'그래, 임신 몇 개월째였더라, 맥주를 먹은 적이 있었지. 아냐 그땐 이미 아기의 신체가 다 형성된 다음이라 소량의 알코올은 괜찮을 거라고들 했는데. 아니면, 어느 땐가 이모저모 힘들어 스트레스가 엄청 쌓인 적이 있었지. 아니면, 아침 식전에 유난히 배가 고팠던 시기가 있었어, 그때 먹곤 했던 과자 때문인가? 그래, 인스턴트 식품 속에 아이의 유전자에 나쁜 영향을 주는 첨가물이 있었을지도 몰라. 아, 평소에 착하게 살았어야 하는데……'

몇 번 더 '쭉쭉이'를 해보았지만 결과는 같았다. 다시 보면 볼수록 다리 길이는 더 차이가 나는 것이었다. 온몸의 맥이 풀렸다. 눈물이 하염없이 흘렀다. 저녁 때 남편에게 말도 못한 채 잠을 이루지 못하고 돌아누워 베갯잇을 한없이 적시었다. 아픔과 슬픔을 누르고 눌러도 주체할 수 없어 숨죽이는 '남 몰래 흐르는 눈물'이었다. 눈물과 한숨으로 부스스한 채 아침을 맞았다. 혼자 아기를 병원에 데려가 볼 생각이었다. 근데 도저히 혼자서 갈 수가 없었다. 출근한 남편에게 전화했다.

"여보, 우리 아기 다리가 짝짝이야. 어제 목욕시키고 보니까."

남편이 만사를 제쳐 둔 채 신촌에서 부천까지 택시를 타고 득달같이 달려왔다.

"진정해, 걱정 마. 지금 병원에 데려가자."

땅이 꺼질듯한 근심을 안고 아기 옷가지며 젖병을 챙기는데 남편이 말했다.

"뭐가 짝짝이라는 거야? 길이가 같잖아."

남편은 아이 다리를 두 손으로 쭉 펴보곤 말했다.

"봐, 정상이네. 깜짝 놀랐잖아."

"엥?"

기뻐할 새 없이 나와 남편은 박장대소를 하며 웃었다.

"뭐야, 미대 나온 사람이 해부학 시간에 뭐했어?"

같은 그림쟁이인 남편의 핀잔 같은 위로가 나를 한없이 안온하게 했다.

웃기는 해프닝이었지만 이때의 경험은 내가 진정 무엇을 소중하게 여기는지 내가 지니고 있던 생각의 지점을 정면으로 바라보게 한 생생한 사건이었다.

아이가 장애를 가졌다고 여겼던 꼬박 하루, 24시간의 허구의 '사실' 앞에서 나는 내 가치관과 삶의 계획들을 되짚어 보지 않을 수 없었다.

순수 예술의 세계를 꿈꾸며 미대를 입학한 나는 노동자 전태일에 관한 이야기와 80년 광주의 실상을 알게 되면서 한동안 내면의 열병을 앓은 후 소위 운동권 학생이 되었다. 졸업 직후, 한때 탄광촌에서 광부들과 직접 생활하며 그들의 삶을 그린 고흐나 민중의 삶의 고난과 역동성을 그린 케테 콜비츠처럼 살아 있는 민중을 그리겠다는 생각으로 봉제공장 미싱사가 되었다. 3년간 공장에서 '썩는' 사이 나는 한 번도 붓을 손에 쥐지 못했고 몸과 마음이 지칠 대로 지친 채 현장을 나왔다. 유약한 나는 투사도 조직가도 될 수 없었다. 아이가 좀 크면 어떤 식으로건 못 다한 활동을 해야 한다는 노동 현장에 대한 부채감을 안고 있을 때였다. 허나 그 부채감의 실체란 무엇이란 말인가?

아이가 장애가 있다는 사실 앞에서, 나는 장차 아이가 살아갈 삶의 팍팍함과 험난함을 상상하며 지레 눈물 흘리고 마음 아파했다. 내게 그 당시 가장 소중했던 가치나 이념들이 아이의 장애 앞에서 저만치 뒤로 물러섰다. 그리고 내린 결론은, 아이의 장애를 치료하기 위해 내가 평생 돈 버는 일 외에 다른 일을 못 한다 하더라도 나는 그렇게 살아야 한다는 것, 아이가 장애를 갖고 있기 때문에 짊어져야 하는 짐을 평생 함께 나눠지고 가야 한다는 것이었다. 사회가 약자와 소수자에게 얼마나 냉혹하며 사회적 안전망이 없는지를 현장 경험을 통해 알게 되었기 때문이었다. 그리고 무엇보다 아이는 아무 잘못이 없으므로.

'그래, 몸 성하게 사는 것만도 어디야.'

아이에 대한 욕심이 끓어오를 때마다 나는 이때의 일을 떠올리곤 했다. 하지만 아이를 있는 그대로 인정해 주고 기다려주기란 쉽지 않은 일이었다. 그러려면 내 마음은 아주 많이 가난해져야 했고 빈곤한 내 철학은 살이 쪄야 했다.

큰아이가 고등학교에 진학하면서부터는 아이도 말로 맞서기 시작했다. 평소엔 조근조근 주고받다가도 아이의 어떤 것을 건드릴 때면 아이는 발끈하며 맞섰다. 급기야 어느 날인가는 아이의 어떤 것이 폭발해 버렸다.

"엄마가 진지한 게 싫어. 무거운 분위기도 싫어. 그러면서 내가 엄마를 닮는 거 같아서 싫단 말이야."

"누, 누가 닮으래?"

"이렇게 분위기 잡고 얘기하는 것도 싫어. 그냥 날 지켜봐주면 안 돼?"

"지켜보다 얘기하는 거야."

"주절주절 이해하기 어려운 말이나 늘어놓고, 엄마는 내 일에 관여하고 싶어 안달이 난 사람 같아."

"……"

"엄마가 이런 얘기하면 난 내가 무척 못된 애같이 느껴진단 말이야. 날 한심하게 볼지 모르겠지만 내가 얼마나 밖에서 노력하는지

엄만 몰라서 그래."

"······!"

아이에게 기세가 눌리다, 열 받다가, 마지막 말에 난 KO 당했다.

순간 아이에게 내가 참 변변찮은 엄마구나 하는 자책과 동시에 아이에게 미안하고 안쓰럽기도 하고 맥이 빠지는 느낌이었다.

"그래, 미안하다. 앞으론 잔소리 안 하도록 노력할게. 너도 알아서 잘해라."

아이가 많이 컸구나 싶었다. 이젠 내 머리 꼭대기까지 올라오네.

얼마 후 학교 간 아이에게서 핸드폰으로 문자가 왔다.

"엄마, 미안해요. 내가 너무 심했어. 나도 내가 왜 그랬는지 모르겠어요. 열 받아서 감정을 주체하지 못했던 것 같아요."

나도 문자를 보냈다. 엄지손가락으로 눌러야 하는 작은 자판은 한참이 걸렸다.

"♡ 아니, 괜찮아. 엄마도 미안해. ♥ 잘 다녀와. *^.^*"

그 후, 나는 가능하면 아이를 어른 대접 해주려 노력했다. 여전히 못마땅한 모습이나 습관이 있더라도 아이를 믿고 기다리려 노력했다.

그런 얼마 후, 아침에 남편과 사소한 말다툼 끝에 서로의 감정을 긁은 채 남편을 출근시킨 뒤에 우울해하는 내게 딸아이가 다가왔다. 아이는 다정하게 그러나 진지하게 말하는 것이었다.

"엄마, 상담해 드릴까요?"

나는 그 순간 그동안 아이에 대해 염려하고 못 미더워하던 모든 것이 한꺼번에 싹 사라져 버리는 것을 느꼈다. 아이의 말이 따뜻해서 고마웠고 어른스러워서 뿌듯했다. 나는 그 순간 아이에게 감동해 버렸다.

그날, 아이와 나는 밥을 다 먹고 차를 마시도록 길게 이야기를 나누었다. 나는 정말 상담 받는 사람처럼 그날 남편과 다투었던 일이며, 내 현재의 고민이며, 앞으로의 계획에 대한 것과 그 계획을 추동하는 내 욕망의 속내들을 이야기했다. 나는 친구나 친절한 상담자에게 하듯 솔직하고 편하게 이야기했고 아이는 내 얘기를 정성껏 들어주었다. 나는 아이가 아주 잘 크고 있음을 확인할 수 있어서 기뻤다. 아이에 대한 믿음과 고마움으로 가슴이 뻐근했다.

아이의 꿈을 존중해 문화작업자를 꿈꾸는 아이들이 다닌다는 대안학교에 입학을 제안한 건 나였다. 아이는 선택했고 그런대로 잘 다니는 듯 했지만 자기주도적인 학습을 해야 하는 학교 시스템에서 아이는 스스로를 그냥 놓아 버리는 듯 위태로워 보이기도 했다. 그럴 때마다 난 조바심을 냈고 자율적인 학습과 작업을 강조하며 잔소리를 했던 것이다.

'그래, 아이가 건강하게 큰 탈 없이 크는 것만도 어디야. 좀 늦게 길을 찾고 늦게 성취하면 어때.'

살면서 아는 사람이 슬프거나 외로울 때 "상담해 드릴까요?"라고 말할 수 있다면, 그래서 타인의 고민을 들어주고 그의 삶을 들여다볼 줄 안다면 가장 소중한 삶의 밑천을 갖고 사는 게 아니겠나 싶었다. 사실 그동안 아이가 지나치게 개인화되어 있는 듯하여 염려하고 부딪힌 적이 적잖았던 것이었다. 규율이 느슨하고 자율성을 강조해 자칫 스스로 조절을 못할 경우엔 빈둥빈둥 건성건성 보낼 수도 있다 싶어 염려했는데, 학교는 아이를 고민하게 하고 모색하게 하고 성숙하게 하고 있었다. 그래, 예술이 뭔데. 타인의 이야기를 들을 줄 모르면 예술을 할 수가 없지.

그로부터 1년의 시간이 흐른 얼마 전이었다.

"엄마, 나도 이제 좀 어른이 되는 것 같아요. 예전엔 부모나 어른의 말이 무조건 듣기 싫었는데 친구들과 이야기하는 것과는 달리 나를 객관화시켜 주는 것 같고, 이전만큼 거부감이 들지 않아요."

"그래? 우리 혜인이가 좋은 예술가가 될 수 있겠구나. 축하해."

그날 나는 딸아이와 맥주를 마셨다. 맥주가 달고 시원했다.

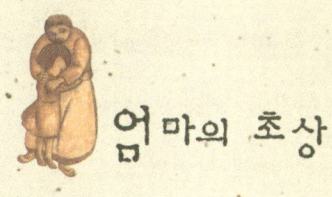
엄마의 초상

전화벨이 울렸다.

"엄마 돌아가셨다."

둘째 언니의 말끝어 울먹이며 묻혀 버렸다.

이른 아침에 언니로부터 올 수 있는 전화는 아마도 엄마의 임종을 알리는 것일 거라 직감했다.

어제 저녁, 요양원에 누워 계신 엄마를 본 게 마지막이었다. 엄마는 링거와 산소 흡입기에 의지해 입을 벌린 채 버거운 숨을 쉬고 있었다. 한 시간 가량을 지켜보다 몇 번인가 엄마를 불렀다.

"엄마 잠만 주무시지 말고 눈 좀 떠 봐. 나 왔어, 엄마 막내 딸."

엄마는 잠을 자는 게 아니었다. 더 이상 눈을 뜰 만한 기력도 이미 다한 듯했다. 엄마의 다리 근육은 다 녹아 없어진 듯 뼈와 그 위에 덮힌 얇은 살갗만이 늘어져 있었다. 발은 복숭아 뼈도 보이지 않을 정도로 부어 있고 발가락까지 양배추 인형처럼 부풀어 있었다.

엄마는 일반적인 말기 암 환자처럼 소리를 내어 고통을 울부짖지도 않았고 온전히 고통을 참고 있는 표정이었다. 가래가 끊임없이 차올라 그르렁거렸다. 입술이 부르트고 혀끝은 갈라져 있었다. 그 고통을 보는 것이 너무 고통스러웠다. 화장실에 가서 어린아이처럼 울었다. 꺼이꺼이 울다 훌쩍이다 다시 울음이 복받쳤다. 목울대가 아프고 명치께 어딘가가 꽉 막힌 듯했다. 엄마 차라리 이제 그만 다 내려놓고 가요. 얼마나 힘들까 우리 엄마.

엄마가 살아계실 날이 그리 오래 남지 않았다고 느꼈지만 며칠은 지난 후일 거라 생각했다. 나는 장례를 치르자면 한 일주일은 일손을 놓아야 할 테니 어서 하던 일을 해치우자 싶었다. 간병인 아줌마가 "벌써 가요? 이따 또 오실건가요?" 하고 물었을 때 나는 "글쎄요" 하고 말했다. 서둘러 외곽순환도로를 진입해 강화로 돌아왔다. 그리고 그 다음 날인 오늘 아침 엄마는 돌아가셨다. 하던 일 빨리 해치우자고, 엄마 돌아가시기 전에 마저 해놓자고 했던 내가 우스웠다. 한 치 앞을 내다보지 못하면서 머릿속에 할 일을 잔뜩 쌓아 놓았지만 내가 한 일은 무엇인가? 시어머니가 돌아가실 때도 그랬다.

임종하시던 날 현관을 나서는 나를 보고 어머니가 물었다. "어디 가니?" 어머니 목소리가 유난히 힘에 버겁다고 느꼈다. "잠깐 읍에 다녀올게요." 그 잠깐 사이에 어머니는 돌아가셨다. 남편도 일 보러 외출 중이었고 학교 갔다 온 초등학생 딸아이가 혼자 할머니의 임종을 지켜보았다. 겁먹은 아이가 옆집으로 달려가 알렸고 내가 집으로 돌아왔을 때는 주변 이웃 분들이 어머니의 시신을 거둔 뒤였다. 그때도 나는 빨리 볼일 보고 온다고 나갔었다. 어머니가 "어디 가니?"라고 물으셨지만 그 표정이 '가지 마라'였다는 걸 나중에야 깨달았다.

지난여름, 나는 엄마를 이곳 강화로 모셔왔었다. 암세포가 뇌까지 전이되어 병원에서도 더 이상 손을 쓸 수 없다는 진단이 내려진 직후였다. 엄마한테는 병을 치료하기 위해서라 말했지만 병원에서도 손을 뗀 말기 암환자를 의사도 아닌 내가 고칠 리 없었다. 나는 엄마가 휴식하길 바랐고 죽음을 준비하는 과정이 인간적이길 바랐고 그 과정에 잠시나마 동행하고자 했다. 내심 기적 같은 예외가 있기를 바라는 마음도 있었다. 하루는 엄마랑 가까운 바닷가에 갔다. 엄마는 시원한 맥주가 먹고 싶다고 했다. 말기 암 환자에게 찬 맥주가 몸에 좋을 리 없었지만 나는 그러자고 했다. 캔 맥주 두 개와 안주를

사서 바닷가 나무 그늘 밑에 돗자리를 펴고 앉아 엄마와 건배를 했다. 엄마는 맥주를 몇 모금 마시더니 금세 취기가 돈다고 했다.

"내가 평생 네 아버지한테 눌려 지낸 거 너도 알지?"

"그래, 엄마. 이젠 이렇게 살지 마."

"너희 사는 거보니 안 그렇더라."

"응."

"그래……."

"엄마, 우리 집이 편하면 여기서 그냥 살아."

"그래, 말이라도 고맙다. 네 덕에 구경도 잘하고 이 먼 곳까지 와 보는구나."

엄마 눈이 글썽였다. 삶에 대한 그리움과 회한이 담긴 눈물이었다. 수건으로 엄마 콧물을 닦아 주었다. 돗자리 위에 모로 누워 잠이 든 엄마를 보며 나는 속으로 기원했다. 엄마가 그냥 우리 집에서 있다가 주무시듯 돌아가셨으면 좋겠다고. 더 아프기 전에. 암세포가 엄마를 송두리째 삼키려 요동치기 전에. 그 극심한 고통을 맞닥뜨리기 전에…….

엄마와 함께 한 생활은 규칙적이고 단조롭고 식단은 간소했다. 된장찌개, 채소류, 도토리묵, 어쩌다 한번 굴비구이와 현미유로 부친 야채 부침, 그리고 찝찔한 야채 스프. 식사 후엔 산책으로 포장된

도로를 따라 마을길을 걸었다. 제초제를 뿌리고 비닐을 씌워 잡초 하나 없는 밭작물을 보며 엄마가 말했다.

"여긴 농사를 제대로 지었구나. 저렇게 깔끔하게 가꿔야지 너희처럼 풀 농사를 해서야 되겠냐?"

"……."

걸어야 몸에 좋다고 했더니 군말 없이 따라나섰지만 그리 오래 걷는 것도 아닌데 엄마는 쉽게 지쳤다. 산책 후엔 아침이고 저녁이고 바로 누워 주무셨다. 정신이 명료할 때는 잠깐이었고, 대개는 엄마 몸속 어딘가에서 일어나고 있을 암세포에게 잠식당하는 지친 모습이었다. 텅 빈 동굴에서 울리는 소리처럼 공허한 목소리, 초조 불안한 표정, 흐린 눈빛, 멍한 혹은 앙다문 입술, 이럴 때 엄마를 마주하고 있으면 나도 지치고 힘들었다.

보름쯤 지나자 엄마는 아버지 걱정을 하기 시작했다. 엄마는 암환자이면서도 아버지 식사를 챙기고 반찬도 만들었단다. 평생을 아버지를 상전처럼 봉양한 엄마가 아프면 이젠 아버지가 엄마를 보살피고 가사일도 스스로 해야 하는 것 아니냐는 것이 형제들의 의견이었다. 가까이에 큰오빠와 올케, 언니들이 살고 있었고 아버지 혼자 다 감당하라는 것도 아니었다. 엄마에게 필요한 건 아버지의 따뜻한 마음 씀씀이였는데 아버지는 엄마가 바라는 만큼의 한결같음엔 미치지 못한 듯했다. 하긴 아버지도 연로하시고 오랜 지병인 당뇨로 힘이 부쳤을 것이었다. 아버지는 책임감 강한 성실한 가장이었음에도 불구하고 엄마와의 지나치게 권위적인 관계 때문에 자식들에게 점수를 못 받았다.

나는 좀 짜증스러운 마음이 되어 엄마에게 말했다.

"엄마, 엄마가 지금 아버지 걱정하게 됐어? 아픈 건 엄마잖아. 엄마는 엄마 걱정만 해."

하지만 시간이 지날수록 엄마는 초조해했다.

"내가 여기 이러고 있을 때가 아닌데, 집에 가야 되는데…… 어서 나아야지."

엄마가 말했다. 차츰 걷는 것도 귀찮아했다. 빨리 낫고 싶은데 몸은 여전이 힘들고 나아지는 것 같지 않은데서 오는 불안감 같았다. 병원에서 손을 뗀 걸 엄마는 눈치 채지 못했다. 병이 나으면 예전처럼 지낼 수 있으리라 생각하고 있었다. 스스로의 상태를 그대로 받아들이지 못하는 엄마가 더욱 안쓰러웠다.

엄마는 평생을 남편을 하늘같이 알고 산 '여자' 였다. 집 울타리 안에서 자기 자신의 존재감보다 남편에게 복종하고 아이들 키우고 살림하는 것을 전부로 알고 살아왔다. 특히 큰아들에 대한 기대와 애정이 컸다. 단지 큰아들이 자신을 봉양하고 경제적 책임을 져서

만은 아니었다. 아마도 아버지와의 관계가 원만하지 않고 억눌려 왔기 때문에 더욱 큰아들에게 집착하는 듯했다. 아마도 큰 올케 언니는 시어머니와 남편의 독립되지 않은 유대감 때문에 힘들었을 것이다. 엄마에겐 '엄마 덕분에 내가 이만큼 잘살고 있어' 라는 큰오빠의 고백이 모든 삶을 보상해 주는 말이요, 위로일 것이었다.

한 달이 다 되어갈 무렵이었다.

"내가 오죽하면 딸네 집에 있겠니? 빨리 나아서 집에 가야지."

엄마가 한탄조로 말했다. 아무리 환자라지만 엄마에게 서운한 마음이 들었다. 아니, 딸이 어때서? 엄마가 온 이후 온 가족이 엄마의 생활에 맞춰서 불편함을 감수하고 마음을 나누고 있었다. 남편은 내게 원하면 엄마를 계속 모시라고 자신은 괜찮다고 했다. 엄마에게 내색은 안 했지만 오히려 내가 힘들어지기 시작했다. 엄마는 내가 형편껏 차린 환자를 위한 단조로운 식단을 성의가 없다고 느끼는 듯했다. 엄마 생각엔 아마 기운이 없으니 당신이 좋아하는 소족이나 갈비라도 푹 고아 먹었으면 싶을 것이었다. 하지만 내가 아는 상식으로는 아무리 비싼 고급 요리라 해도 암환자에게 육식은 금물이었다. 막판에 엄마는 마치 귀양살이라도 한다는 듯 말을 막하기도 했다. 나도 더는 힘들어서 못 하겠다. 그래 엄마를 아버지에게 보내 드리자. 병치레에 효자 없다더니 그게 꼭 내게 하는 말이었다.

기껏 한 달 만에 뒤로 자빠지다니. 내 밑천의 얄팍함이란. 하지만 엄마의 진짜 마음은 아버지에게 향해 있기 때문임을 난 알 수 있었다. 아버지에게서 전화가 없었는지 가끔 묻기도 했다. 아버지를 챙겨 줘야 하는 게 자신의 마땅한 일인데 그러지 못한 스스로의 처지가 한스럽고 한편으론 아버지가 그립고, 이대로 자신이 쓸모없는 '마누라'가 될까 봐 두려운 것이었다. 나는 그 모든 것을 알고 있기에 더욱 짜증이 났다.

'엄마, 왜 그렇게 살아?'

하지만 엄마는 누구보다 아버지와 함께 있고 싶어 했던 것 같다. 임종의 순간을 아무도 함께하지 못했지만 돌아가시기 가장 가까운 시간에 엄마를 만난 건 아버지였다. 그날따라 아침 일찍 서둘러 엄마를 보러 가야겠다는 생각이 들었다는 아버지. 엄마는 아버지와 그렇게 작별인사를 했다. 하지만 아버지는 엄마의 임종을 곁에서 지켜주지는 못했다. 그것이 아버지에게 보낸 엄마의 회한어린 메시지였는지도 모른다. 한 시간의 간극. 화장터에서부터 납골 공원묘지에 모시는 과정 내내 나는 오히려 담담했다.

삼오제를 마치고 언니들과 엄마의 유품을 정리하면서 나는 옛 앨범을 뒤졌다. 엄마의 모습이 담긴 옛 사진을 찾기 위해서였다. 소박한 한복을 차려 입고 희고 긴 옥양목 앞치마를 두른 모습. 내 기억의 지층 한 구석, 늘 그리움으로 남아 있는 내 어린 시절 엄마의 모습이었다. 엄마는 웃는 모습이 들꽃처럼 소박하고 예쁜 젊은 엄마였다. 앨범을 한참 뒤지니 장독대 옆에 얌전히 서 있는 한복 입은 엄마의 흑백사진을 찾을 수 있었다. 나는 다른 형제들에게 묻거나 허락을 구할 바 없이 이 사진을 내 것으로, 엄마가 내게 남긴 유품으로 챙겼다.

아마도 내가 늙어 기억이 가물가물해졌을 때 이 사진을 꺼내어 보면 내 유년의 추억이 꼬물꼬물 되살아날 것이다. 희고 커다랗던 엄마의 옥양목 앞치마에서 나던 들풀 냄새와 바삭바삭한 햇빛의 촉감도 되살아날 것이다. 내 유년의 기억 속 엄마의 초상.

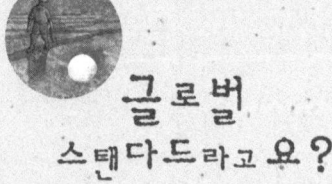
글로벌 스탠다드라고요?

　　　　　　나는 본디 배운 것 없고 말주변도 어설퍼 어디 나설 일 없고 그저 분수에 맞게 땅만 파먹고 사는 농사꾼이요. 헌데 시절이 하수상하니 농사일도 신명 없어 한숨만 나오고 목울대가 먹먹하고 답답하여 내 이리 한마디 할까 하고 나섰쇼.
　난 복잡하고 어려운 건 몰라요. 그냥 쉽게 생각하면 사람 사는 관계라는 게 그렇잖아요? 누군 잘살고 누군 못살고, 너는 별 쓸모가 없으니 죽어지내라. 뭐 이러면 삭막하잖아요? 이렇게 대책 없이 전면 수입개방해서 농업 다 망하면 나중에 미국에서 중국에서 석유처럼 왕창 값을 올려놓고 '칼자루 쥔 건 우리다' 하면 그땐 어쩔거냐구요. 세상이 아무리 변해도 사람이 밥은 먹고 살잖아요? 우리 밥상 다 내줘 버리고 국제유가 오르락내리락하듯 매일 먹는 밥상 가격이 들쑥날쑥하면 그게 어디 사람 사는 꼴이 되겠냐구요. 모름지기 멀리 내다보며 자연과 조화롭게 살아야지……. 안 그렇소?

 도시 사람들 맑은 공기 찾아 농촌으로 휴가다 캠프다 오는데 왜 시골 공기가 맑은 줄 아슈? 논농사가 어디 슈퍼에서 살 수 있는 포장된 쌀만 만드는 줄 아는가 보네. 시골에 놀러오면 어디 한 번이라도 논에 심은 모가 어떻게 자라는지 벼가 제 이삭을 어떻게 꽃피우는지 들여다보았소? 논물에 모여 사는 갯지렁이며 소금쟁이며 개구리밥 사이에 빼꼼이 얼굴 내민 아기 청개구리들을 한 번이라도 눈여겨보았느냔 말이외다. 엊그제 김매다 보니 농약 안 친 우리 논엔 거머리와 미꾸라지까지 있습디다. 눈에 보이는 것만 해도 그러한데 눈에 보이지 않는 미생물은 또 어떠하겠소? 사람이 밥 한 그릇 먹을 땐 밥알만 먹는 게 아니요. 볍씨 한 알이 싹을 틔워 벼이삭을 주렁주렁 맺기까지 햇빛과 바람과 거기에 손마디 굵은 농민의 보살핌이 다 들어있는 것이요. 농사가 살아 있어야 공기 중에 산소도 살아 있고 그런 것이요. 먹는 거라고 다 같은 줄 아슈? 사람이 뭣이든 그냥 스쳐 지나듯 보면 아무것도 보이지 않는 법이요. 겉에 보이는 것 뒤에 있는 것을 보아야지. 아, 수입해서 쌀 사 먹으면 거기에 개구리

도 있고 산들바람도 있고 달 밝은 날 무논에 비친 달도 있답디까? 그러니까 밥이 하늘이다 이런 말도 있는 거 아니겠소?

　나 배운 것 없고 무식해서 나랏일 보는 높은 양반들 하는 어려운 말 몰라요. 그래도 세상 이치라는 건 있는 법 아니겠소? 농업은 경쟁력이 없으니 망해도 손해 볼 건 없고 핸드폰 자동차 수출해서 3만 불 시대를 열자구요? 핸드폰하고 쌀하고 만들어지는 과정이 다르고 그것이 사람 사는 데 끼치는 내용도 다른데 어떻게 돈의 가치로만 똑같이 취급을 하느냔 말이요. 3만 불 아니 그 할애비 시대가 온다 해도 우리 농민이 3만 불의 혜택을 누린답니까? 도시에서 먹고 남은 떡고물이 흘러들어 오긴 하겠지. 이렇게 말하면 도시 사람들도 할 말 있겠지. 농촌은 그래도 땅도 있고 집도 있지 않느냐, 도시 사람들도 잘사는 사람들이야 아무 때나 잘살지만 근근이 먹고사는 서민들에 비하면 살 만한 거 아니냐, 일자리가 늘어나야 떡고물도 생기는 거지 도시에서 먹고사는 경쟁이 얼마나 치열한지 아느냐구. 아 그러니까 하는 말 아니겠소? 내 아들 딸이 커서 이제 대학 가고 결혼해서 도시에서 살겠다고 할 텐데 어찌 그게 남의 문제로 생각되겠소? 허리 휘어지게 농사짓고 땅 팔아 대학 보냈으면 도시에서 제 능력에 맞는 직장 찾아 잘 살아야하는데 취직하기 하늘의 별따기요, 멀쩡히 다니던 직장에선 왜 갑자기 쫓아낸답디까?

우리 옆 집 어르신 큰아들이 잘 다니던 회사에서 구조 조정하는 바람에 실직을 했길래 가족 데리고 내려와서 같이 살지 않겠느냐고 했지요. 죽어도 시골에선 안 살겠답니다. 애들 교육은 어떡하며 망해가는 농촌에 뭔 희망이 있겠느냐는 거예요. 딸아이가 아토핀가 뭔가 하는 환경병으로 고생한다고 걱정하면서도 그러더라구요. 허긴, 내 자식도 시골에선 살지 않겠답니다. 근데 왜 젊은이들이 죽자사자 도시에서 살겠다고 하느냔 말이외다. 서울에 있는 대학 나와서 손에 흙 묻히지 않고 살겠대요. 그나마 공부에 매달리는 이유가 그거예요. 학교에서도 그렇게 가르치지 않습니까? 세상 어느 선생이 공부 잘해서 농사지으라고 가르친답디까? 내 자식 농사짓지 마라 하면서 농업이 망해 간다고 걱정하는 건 양심의 이율배반이다 싶지만 내 마음도 흔들려요. 지가 공부깨나 해서 좋은 대학 가서 그럴듯한 직장 얻어 잘살 수 있다면 어느 부모가 제 자식 사서 고생하라고 농촌에 남으라고 하겠어요? 농사짓는 일이 자부심이 있나, 먹고살 만하기를 하나, 희망이라도 있으면 지금 고생은 좀 더 할 수 있고 다음 세대를 위해 농토 지키며 죽어지낼 수 있어요. 우리가 뭐 언제 대접받으며 산 것도 아니고.

   지금 농촌에 땅만 사놓고 농사짓지 않는 지주가 얼마나 많은지 아슈. 그 사람들이 바라는 게 뭐겠소? 땅 값 오르기만 바라는 거지. 땅

값 오르게 개발하고 집 지어서 투기하고 땅값 오르는 쪽으로만 하는 거 아니요? 그러니 농촌이 더 살기 나빠지지. 농토는 농사를 짓거나 농촌에 뿌리내리고 살아 보겠다 하는 사람들만 가져야지. 그래야 살기 좋게 마을 가꾸고 아이들 좋은 교육 환경, 문화 환경 만들어 보겠다 할 거 아니냐구. 자꾸 떠나게 만들어 놓고 이제 와서 경쟁력이 안 되니까 알아서 망하든지 흥하든지 하라니, 예끼! 여보슈. 국가 간 장벽이 없어지는 글로벌 시대라 농업도 예외가 아니라고? 그러면 우리 농민들도 글로벌하게 살 수 있는 선택권이 있어야지 오도 가도 못하게 묶어 놓고 고관대작, 돈 많은 사람들만 국경 넘어 훨훨 날아다니는 당신들만의 천국을 만들어 놓곤, 뭐시라? 글로벌 스텐다드라구요?

 학식 많고 견문 넓은 양반들이 하는 어려운 말 난 잘 몰라요. 조상 대대로 땅만 파고 산 농사꾼이 뭘 알겠소. 하지만 살아온 통밥이 있고 지식으론 발견하지 못하는 지혜라는 게 있는 법이라오. 예쁘고 화려한 꽃만 보겠다고 키 작은 들꽃이며 풀을 제초제로 싹쓸이 해 놓으면 겉보기엔 깔끔하고 보기 좋을지 모르지. 하지만 보이지 않는 땅 속 세계에선 뿌리들이 서로 얼크러져 큰 뿌리와 작은 뿌리들이 서로 잡아 주고 받쳐 주고 해서 단단히 뿌리내리고 살 수 있는 법이요. 혼자만 서 있으면 세찬 장대비에 쉽게 그 줄기가 땅에 눕고 화려한 꽃잎은 사정없이 땅에 떨어지고 뒹굴어 흉측하게 변해 버리고 마는 것이라오. 사람 사는 이치도 이와 같지 않겠소?

나 같은 농사꾼이 바라는 건 그리 큰 게 아니라오. 땀 흘려 정성을 기울인 만큼 제값을 받고 팔아 가족 먹여 살리고 자식들 교육시키고 남에게 해 끼치지 않고 오순도순 사이좋게 사는 것이요. 평생을 농사지은 농민이 제 자식에게 농사는 절대 짓지 마라 하는 판이요. 부모가 자식에게 한평생 바친 자신의 삶을 부정하는 말을 할 수 밖에 없다면 그 속이 시꺼멓게 타지 않고서야 그럴 수 있겠소?

사람 나고 돈 났지, 돈 많이 벌어 국민소득 올리자고 세상살이가 이리도 팍팍하게 돌아간다면 그 소득은 대체 누구를 위한 것이란 말이요?

생명을 가진 것들이 어느 것 하나 혼자 잘나서 사는 법은 없습디다. 잘나 보이는 것도 못난 것의 도움을 받고 서로 기대고 품어 주어야 다 같이 살아남습디다. 이것이 생명 가진 것들의 스텐다드요. 난 평생 땅만 파고 산 무식한 농사꾼이라 자연의 이치를 떠난 세상의 이치가 따로 있는지는 잘 모르겠소. 뭐라, 있소? 아, 역시 글로벌 스텐다드라구요?

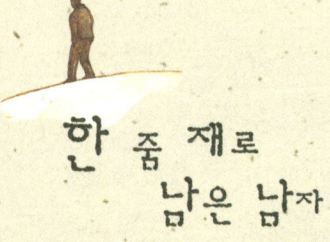

한 줌 재로 남은 남자

나는 죽었다. 나는 병원 장례식장에 누워 있다. 장례식장엔 하얀 국화로 장식한 화환이 입구에 늘어서 있고 내 사진 앞엔 조문객들을 맞아 상복을 입은 아내와 아이들이 한 쪽 구석에 앉아 있다. 사진 속 얼굴은 웃고 있다. 웃고 있는 내 모습이 낯설다.

'이건 뭔가 잘못된 거야.'

나는 아직 죽기엔 젊고 할 일이 많다. 오늘 아침때까지만 해도 여느 때와 다름없이 일어나 조깅을 하고 조간신문을 보고 전자메일을 열어보고 아침 식사를 했다. 나는 무한경쟁 시대를 살아가기에 적합하게 신체와 생활리듬의 규칙을 정하고 자기관리에 게으르지 않았다. 내 삶의 에너지는 팽창했고 나의 앞날은 창창했다. 나는 그런 사람이었다. 집을 나서기 직전 직장 동료인 영업부장의 다급한 전화를 받고 노트북을 켤 때까지만 해도 나는 살아 있는 사람이었다.

"이봐, 잘못된 정보를 알고 있는 것 아냐? 어떻게 우량주가 하룻밤 사이에 휴지 쪼가리로 바뀔 수가 있냐고?"

주가가 급등하고 있었다. 소액 투자자뿐만 아니라 거액 자산가들의 뭉칫돈도 주식시장으로 흘러들어 가고 있었다. 아는 사람 몇몇이 주식투자로 대박을 터뜨려 신도시 개발 예정지인 금싸라기 땅을 샀다는 소문도 있었다. 월급이나 푼푼히 저축해서 집 사고 가족 부양하는 건 더 이상 성실의 미덕이 아닌 바보나 하는 짓이라고 했다.

어떻게 국내 최대의 자동차 회사가 하루아침에 망할 수 있는가? 오일피크가 다가온다는 것은 이미 삼척동자도 다 아는 일이었지만 이렇게 도둑같이 와서 나의 모든 것을 앗아 갈 줄은 꿈에도 생각지 못한 일이었다. 그동안 주식투자로 몇 번 손해 보긴 했어도 쏠쏠히 재미를 봤었다. 이번엔 단기투자로 높은 이윤을 배당받을 수 있으리라 확신했다.

다소 투기성이 있긴 했지만 그동안 보고 들은 투자의 경험과 정보가 나를 모험하게 했다. 몸담고 있는 지금의 직장이 평생을 보장해

주지 않으리라는 것을 나는 잘 알고 있었다. 평생이 보장되지 않는 월급쟁이 생활을 정리하고 창업을 하리라 마음먹었다. 필요한 것은 자본과 맘이 맞는 동료였다. 명퇴 위기를 느낀 영업부장은 나와 전망을 함께했고 이번 투자에 나는 모든 것을 걸었다. 그만큼 확신이 있는 투자였는데……. 내가 꿈꾼 창업은 공중분해가 되었다. 내가 알뜰히 축적했던 약간의 부도 안개처럼 사라지게 되었다.

분명 운전을 하고 있었는데, 심장 뛰는 소리가 예사롭지 않다는 걸 느끼고 있었기에 속도를 자제했다. 회사 정문을 불과 10여 미터 앞두고 있었는데, 이후의 기억은 텅 비어 있다.

나는 나의 죽음을 인정할 수 없다.

장례식장엔 내가 그동안 살아오면서 이렇게 저렇게 만났던 인연들이 보였다. 그들 대부분은 부조금을 들고 와서는 잠시 앉았다 서둘러 자리를 털고 일어났다. 같은 부서에 있던 직장 동료들이 간혹 자리를 지키고 앉아 있었지만 그들이 나누는 얘기는 안전한 주식 투자와 재테크에 대한 다양한 정보와 풍문에 관한 것이었다. 심지어 누군가는 잘못된 정보로 올인하면 나처럼 인생이 거덜 날 수 있다는 말도 했다. 친척들도 다녀갔다. 처가 쪽 친지들은 이제 뭐 먹고 사냐며 아내를 걱정했다. 그러게 출산 후에도 자기 일을 놓지 말았어야 했다고도 한다. 문득 숨 가쁘게 살아오는 동안 나에겐 친한 친구가 하나도 남아 있지 않다는 것을 깨달았다.

　내가 어떻게 살아왔던가? 나는 성공하는 인생을 살고 싶었다. 나의 성공이 또한 가정이 행복해지는 길 아니였던가? 하루의 스케줄을 짤 때 나는 모든 시간을 투자이고 기회로 만들고자 했다. 일이 끝난 후에도 인맥관리를 위해 술자리를 마다하지 않았다. 술로 약해진 간을 위해 늘 자양강장제와 비타민을 챙겨 먹었고 담배도 끊지 않았던가? 미래의 행복을 위해 아이들과 대화하고 가족과 단란한 시간을 갖는 것도 잠시 유보했었다. 내가 뭐 혼자 잘 되자는 것도 아니고……, 그건 아내가 채워줄 몫이었다. 여자가 벌면 얼마나 벌겠는가? 아이들 잘 키우는 것도 투자다. 그래, 어디 사는 게 만만한가? 가끔은 속 쓰린 새벽에 홀로 깨어 있을 때 쓰린 속만큼이나 내면이 빈곤해진다고 느껴질 때가 있었다. 그럴 때마다 사는 게 다 그런 거지, 어디 입에 딱 맞는 인생을 사는 사람이 있으랴 하고 스스로를 위로하곤 했다. 어느 정도 궤도에 오르면 그리고 이제 조금만 더 준비하면 되었다. 나는 월급쟁이에 목메지 않고 제2, 제3의 인생을 준비하는 사람이었다. 아이들을 위한 생활 기반도 마련해 놓았다. 은행 대출금이 꽤 많이 남아 있긴 하지만 얼마 전엔 이 나라의 중산층이 모여 사는 유명 브랜드 아파트로 입성하였다.

　명문 대학들도 이 지역 출신 아이들을 선호한다는 강남 1번지. 나는 이 사회에서 사는 곳이 어디냐에 따라 삶의 등급이 달라진다는 것을 잘 알고 있었다. 내가 가난한 도시 변두리에서 태어나고 자랐기에 그 간극을 아이들에게 물려주고 싶지 않았다.

이 시대 문명의 상징이던 석유 산업이 소리도 없이 무겁게 내려앉고 있었다. 아직은 괜찮다고, 저물어가는 석유 자본이긴 해도 아직은 대체 연료가 새로운 제품 개발로 기존의 자동차를 석권할 만큼 준비된 게 아니라고 안심했었다. 국경 없는 글로벌 거대 자본이 국내 유수의 기업을 하루아침에 말아먹을 정도로 자본 구조가 취약할 줄이야 꿈엔들 알았으랴. 내가 공들여 쌓아 올렸던 성이 모래성일 줄이야!

나는 무엇을 얻고자 이렇게 쉬지 않고 숨 가쁘게 살아왔던가? 너무나 오랫동안 아이들과 대화하지 못했다는 생각이 들었다. 아이들은 어느새 사춘기의 숲에서 자신들만의 비밀 공간 하나씩을 갖고 있었다. 며칠 전 휴일 날 아이들에게 모처럼의 휴일을 어디 가서 함께 보내지 않겠느냐고 물었다. "왜요?" 작은아이가 말했고 큰아이는 "저 친구랑 약속 있어요. 미리 말하셨어야죠"라고 말했다.

갑자기 그리움이 참을 수 없을 만큼 밀려왔다. "얘들아, 아빠야. 나를 제발 알아봐다오." "여보, 나 아직 여기 있소. 나 당신하고 결혼 이십 주년 때 여행가기로 했었잖아. 생각해 보니 올해가 바로 그렇지 않소 여보?" 하지만 아이와 아내는 나를 알아보지 못하였다.

후회와 고독감이 나를 압도했다. 차라리 이렇게 허무하게 끝날 것이었다면 아이들과 더 많은 얘기를 나누고 아내와 좀 더 사랑할 것을. 한 가정을 이루고 살았지만 내가 진정으로 가족과 이야기를 나누고 소통하고 산 시간은 너무 짧았다는 아쉬움과 회한이 밀물처럼 가슴에 차올랐다.

나는 쓰러졌다. 발달한 현대 의학이 나의 수명을 더 연장시킬 수도 있었겠지만 순간의 절망이 나를 단숨에 삼켰다. 깊은 절망이 심장으로 가는 산소를 막아 버렸고 이제 아무도 나를 알아보지 못하므로 나는 이제 떠나야 한다.

나는 양지 바른 곳에 묻히고 싶다. 어릴 적, 놀이터 삼아 뛰어놀곤 했던 잔디 고운 무덤가, 제비꽃, 할미꽃, 민들레에 둘러싸여 누워있고 싶다. 가끔은 아이들이 무덤에 찾아오겠지. 세월이 흘러 손자, 손녀 녀석들이 무덤가 잔디를 포근한 놀이터 삼아 놀기도 할 거야.

하지만 죽음은 나와는 상관없는 아직 먼 후일의 일이라 여겼기에 나는 아무런 준비를 하지 못하였다. 난 단지 내가 입성했던 아파트처럼 사각형 칸막이 모양의 납골당 작은 상자 안에 한 줌 재로 남게 되었다.

나는 나의 육신이 불에 타고 뼈가 가루로 빻아져 한 줌 재로 남은 지금, 인생에서 가장 소중한 것을 늘 미루고 살았다는 것을 느낀다. 내가 진정 사랑하는 것들을 그때그때 사랑하고 마음으로 힘껏 돌보는 것이 가장 소중한 것이었음을, 가까운 사람들과 미루지 말고 소통하며 살아야 하는 것이었음을…….

고단했던 내 인생, 고단한 뭇 인생들이 연민스럽다.

| 작가 후기 |

느림과 나눔

'느림'은 속도가 지배하는 요즘 세태의 안티테제이다. 속도의 숭상은 무한경쟁을 낳고 그것의 배후엔 물신숭배가 자리 잡고 있다. 속도가 중시되고 물질이 최고 가치로 떠받들어지는 사회, 우리는 과연 행복한가?

함께 어우러지는 능동적인 생산방식과 그 속에서 스스로의 문화를 만들어내고 향유하는 삶을 꿈꾸기보단 오로지 소비를 통해 상품을 더 많이 소유하는 것이 삶의 질을 가늠하는 척도가 되어 버렸다.
경쟁이 삶의 원리가 된 사회에서 개인이 느끼는 행복은 오직 한 가지이다. 경쟁의 승리를 통한 욕망의 충족. 경쟁에서 패한 사람은 억압된 욕망의 그늘로 인해 마음이 피폐해진다. 부동산과 주식 투자로 수십억을 벌고 돈을 증식하는 것이 부의 비결인 반면, 아무리 열심히 일해도 부의 증식은커녕 가난을 면치 못하는 부류가 자유경쟁이란 룰 안에 있다. 처음부터 승자와 패자가 정해져 있는 게임이다. 누구나 타인과 경쟁하며 숨 가쁘게 사는 것을 원치 않는다. 그럼에도 그렇게 살고 있는 이유는 바로 이 불합리한 게임의 룰 안에 있기 때문이다. 이 게임 안에서는 모두가 각개 약진할 뿐, 아무도 나를 책임져 주지 않고 함께 나누고 기댈 공동체는 없다. 이 같은 삶의 운영원리가 모두가 원하는 행복한 삶을 가져다 줄 것인가?

이러한 물음을 밑에 깔고 일상의 이야기들을 풀어 보고자 했다. 도시에서 시골로 생활터전을 옮긴 십여 년 생활의 스케치라고 해도 되겠다.

우리가 원한다면 새로운 삶의 룰은 얼마든지 만들어 낼 수 있다는 희망을 간직하고 싶다.

노력할수록 만족을 느낄 수 있는 일을 하고

각자의 다양한 욕망을 피차 성찰하고 돌보아 줄 수 있는 관계

나의 노력이 타인의 삶에 기여하고

나의 창의력이 동료의 상상력을 북돋아주는 관계

타인이 위협적이거나 넘어서야 할 존재가 아니라 위로와 격려가 되는 관계

뒤쳐진 동료를 기다려 그의 손을 잡아주는 관계

그것이 개인과 조직을 활기 있게 하는 관계

이런 관계를 만들며 살 수 없을까, 우리?

결론적으로 행복한 삶이란 홀로 앞서 가는 것보단 좀 느리더라도 함께 더불어 가는 데 있음을 이야기하고 싶었다. 그 '더불어'는 사람뿐 아니라 자연만물을 포괄한다.

2007년 12월

김진수

느림씨 아줌마의
우리 동네 이야기

2007년 12월 13일 인쇄
2007년 12월 20일 발행

지은이 김진수
펴낸이 김성구

편집장 홍승범
책임편집 박성근
디자인 여종욱
마케팅 이택수 최윤호 손기주 송영호
제작 신태섭
관리 김현영

펴낸 곳 (주)샘터사
등록 2001년 10월 15일 제1-2923호
주소 서울시 종로구 동숭동 1-115 (110-809)
전화 763-8961~6(출판사업부) 742-4929(영업마케팅부)
팩스 3672-1873
홈페이지 www.isamtoh.com
이메일 book@isamtoh.com

ISBN 978-89-464-1707-6 03810

ⓒ김진수 2007, Printed in Korea.

이 책은 저작권법에 따라 보호를 받는 저작물이므로 무단 전재와 무단 복제를 금지하며,
이 책의 내용의 전부 또는 일부를 이용하려면 반드시 저작권자와 (주)샘터사의 서면 동의를 받아야 합니다.

본 도서의 필자는 (재)인천문화재단으로부터 문화예술육성지원금을 받았습니다.

이 도서의 국립중앙도서관 출판시도서목록(CIP)은
e-CIP 홈페이지(http://www.nl.go.kr/cip.php)에서 이용하실 수 있습니다(CIP제어번호: CIP2007003861).